U0594463

# 广播数字化转型策略研究

郑文英 著

哈尔滨出版社
HARBIN PUBLISHING HOUSE

图书在版编目（CIP）数据

广播数字化转型策略研究／郑文英著. -- 哈尔滨：
哈尔滨出版社，2025.1
ISBN 978-7-5484-7847-8

Ⅰ. ①广… Ⅱ. ①郑… Ⅲ. ①广播事业–发展–研究
–中国 Ⅳ. ①G229.2

中国国家版本馆 CIP 数据核字（2024）第 079004 号

书　　名：**广播数字化转型策略研究**
GUANGBO SHUZIHUA ZHUANXING CELÜE YANJIU

作　　者：郑文英　著
责任编辑：李金秋

出版发行：哈尔滨出版社（Harbin Publishing House）
社　　址：哈尔滨市香坊区泰山路 82-9 号　邮编：150090
经　　销：全国新华书店
印　　刷：北京虎彩文化传播有限公司
网　　址：www. hrbcbs. com
E - mail：hrbcbs@ yeah. net
编辑版权热线：（0451）87900271　87900272
销售热线：（0451）87900202　87900203

开　　本：787mm×1092mm　1/16　印张：12　字数：202 千字
版　　次：2025 年 1 月第 1 版
印　　次：2025 年 1 月第 1 次印刷
书　　号：ISBN 978-7-5484-7847-8
定　　价：68.00 元

凡购本社图书发现印装错误，请与本社印制部联系调换。
服务热线：（0451）87900279

# 前　言

在当今的信息时代,技术的飞速发展正在深刻地改变着媒体行业的生态。广播,这一传统的传媒形式,正面临着前所未有的挑战与机遇,随着数字化技术的普及,广播行业逐渐意识到数字化转型的重要性。这不仅关乎行业的生存,更关乎其能否在未来的竞争中保持领先地位。广播数字化转型的核心在于如何适应并利用新技术,以满足当代听众不断变化的需求。这不仅仅是一个技术问题,更是一个战略问题。它要求广播机构从内容制作、传播方式到运营模式等各个方面进行全面的革新。在数字化时代,传统广播的传播方式和受众群体都发生了很大的变化,为了适应这种变化,广播媒体需要明确自身的定位,找准目标受众,并提供有针对性的内容和服务。这需要广播行业不断创新思维,以更好地满足听众的需求。并且,随着数字化技术的不断发展,广播节目的制作方式和手段也发生了很大的变化。为了吸引听众的注意力,广播媒体需要注重内容的质量和创新性,通过引入新的制作技术和方法,制作出更加丰富多样的节目,满足不同听众的口味和需求。同时,数据分析也是内容制作的重要依据。通过分析听众的行为和喜好,可以制定更加精准的内容策略,提高节目的收听率和满意度。

本书一共分为7个章节,主要以广播数字化转型策略为研究基点,通过本书的介绍,让读者对广播数字化有个更为深入的了解,进一步摸清广播数字化转型发展脉络,为广播数字化领域的研究提供更加广阔的用武空间。在这样的一个背景下,广播数字化转型研究仍然有许多空白需要填补,需要在已有的基础上进一步深入地开展研究工作,以适应不断发展的新形势。

本书主要针对广播行业从业者、数字媒体研究者以及对新技术趋势感兴趣的读者群体。本书深入剖析了广播行业在数字化转型过程中的挑战与机遇,为相关从业者提供了实用的策略指导。

衷心感谢每一位读者,特别是那些身在广播行业一线的工作者,以及对数字化转型抱有浓厚兴趣的学者和专家,你们的关注、阅读和反馈,是撰写此书的最大动力。同时,感谢那些在资料收集、案例分析和策略探讨过程中给予我们无私帮助的行业同人和专家顾问,正是有了你们的宝贵建议和实战经验分享,才使得本书的内容更加贴近实际,更具有指导意义。希望我们的努力能为广播行业的数字化转型贡献一份力量,并再次对你们的支持与帮助表示最诚挚的感谢。

# 目　录

第一章　广播数字化原理与变革 ································· 1

第一节　广播数字化基础知识 ······························· 1
第二节　广播数字化产生的深刻变革 ····················· 12
第三节　新兴媒体 ··········································· 18

第二章　数字广播技术发展 ································· 47

第一节　数字广播的界定与类型 ························· 47
第二节　数字广播的特征与优势 ························· 52
第三节　我国数字广播技术发展的嬗变 ················· 63

第三章　广播数字化转型的必要性及其影响 ············· 67

第一节　数字化转型对广播行业的推动作用 ············· 67
第二节　技术创新在数字化转型中的作用 ··············· 77
第三节　对用户体验的影响 ······························· 87

第四章　数字广播的发展战略研究 ····················· 95

第一节　广播发展与新媒体的融合 ····················· 95
第二节　微博时代广播媒体的发展 ···················· 109
第三节　媒介融合背景下的数字广播发展策略 ········· 119
第四节　数字广播产业价值链的构建及服务的延伸 ····· 127

第五章　广播数字化转型战略规划 ···················· 138

第一节　制定数字化转型的整体战略 ·················· 138
第二节　分析市场趋势和技术发展 ···················· 144

第三节 确定关键业务领域和优先级 …………………………… 153

**第六章 外国广播公司的数字化转型策略研究** …………… 155

第一节 坚定不移的转型理念 ……………………………… 155

第二节 持续迭代的数字化平台 …………………………… 156

第三节 多平台一体化的生产模式 ………………………… 163

第四节 基于多平台、数据驱动的盈利模式 ……………… 166

第五节 以数字化团队建设为核心的组织再造 …………… 169

**第七章 中国广播数字化转型策略** ……………………… 172

第一节 内容成为吸引用户的入口 ………………………… 172

第二节 技术先行打造智能化广播媒体 …………………… 175

第三节 数据驱动下的盈利模式重构 ……………………… 179

第四节 组织机构与体制机制改革 ………………………… 182

**参考文献** ………………………………………………… 185

# 第一章　广播数字化原理与变革

## 第一节　广播数字化基础知识

### 一、数字广播技术的原理

数字广播技术是近年来广播技术领域的一项重大革新。与传统的模拟广播技术相比,数字广播技术将音频、视频等信号进行数字化处理,并通过广播发射设备进行传播,具有更高的传输效率和更好的音质、画质表现。在数字广播系统中,音频、视频等信号首先被数字化处理。数字化处理是指将模拟信号转换为数字信号的过程,这个过程涉及采样、量化、编码等步骤。采样是将连续的模拟信号离散化,量化是将采样得到的信号值进行量化处理,编码则是将量化后的信号值转换为二进制码。经过数字化处理后的音频、视频等信号,需要通过编码器进行编码。编码器将数字化的音频、视频等信号转换为适合传输的格式,如 MP2、AAC 等。这些格式采用了先进的压缩技术,能够在保证音质、画质的前提下,将信号压缩到更小的数据量,从而增强了传输效率。编码后的信号通过调制器进行调制。调制是将基带信号调制到载波上,以便通过广播发射设备进行传播。调制的方式有多种,如调幅、调频等。在数字广播中,通常采用四相位幅度调制(Quadrature Amplitude Modulation,QAM)方式进行调制。QAM 是一种将幅度和相位同时进行调制的调制方式,具有较高的频谱利用率和抗干扰能力。经过调制后的信号再通过发射设备进行发射。发射设备通常采用大功率的发射机和高增益的天线,以确保信号能够覆盖到更广泛的区域。在接收端,接收设备接收到信号后,通过解调器进行解调。解调是将调制后的信号还原为原始的基带信号的过程,然后通过解码器进行解码,将压缩的音频、视频等信号还原为原始的信号。最后,经过数模转换器将数字信号还原为原始的音频、视频等信号。由于在传输过程中采用了数字技术,数字广播具有更高的抗干扰能力和更低的误码率。数字信号在传输过程中不会像模拟信号那样受到噪声的干扰和失真,因此能够保持较高的音质和画质表现。同时,数字信号采用二进制码表示,因此具有更好的抗干扰能力,能够抵御各种干扰因素对信号的影响。此外,数字广播还具有更高的传输效率和更好的灵活性。由于采用了压缩技术,数字广播能够将更多的音频、视频等信号传输到更广泛的区域。同时,数字广播还支持多种传输协议和格式,能够满足不同用户的需求。

## 二、数字广播系统的架构

数字广播系统是一个涵盖多个组成部分的复杂体系。其中,发射设备与接收设备是数字广播系统中不可或缺的核心部分。首先,发射设备在数字广播系统中扮演着至关重要的角色。它负责将经过编码后的信号进行调制,并最终发射出去。这个过程包括了对信号的数字化处理、编码、调制等一系列操作。发射设备通常由专业的广播发射站或卫星地面站等机构来运营管理。为了实现高效的信号传输,发射设备需要具备较高的发射功率和稳定的传输性能,以确保信号能够覆盖到预定的受众区域。接收设备则是数字广播系统的另一重要组成部分。它负责接收来自发射设备的信号,并对信号进行解码和还原处理。受众通过接收设备来收听和观看数字广播节目。与传统的模拟广播不同,数字广播的接收设备通常采用数字化技术,具有更高的信号质量和更好的用户体验。接收设备可以是多种形态,如传统的收音机、电视机、移动设备等,也可以是新兴的互联网广播平台和车载娱乐系统等。

在数字广播系统中,除了发射设备和接收设备,还涉及多个接口和协议。其中,MADI(多路音频数字接口)是一种基于 AES10 标准的多通道音频接口。它具有高达 125 Mbps 的传输速率,可以同时传输多路音频信号。MADI 接口广泛应用于专业的音频制作和广播领域,为数字广播提供了高效、高质量的音频传输解决方案。此外,数字广播系统还涉及多种传输协议和格式,如 TDM BUS 协议、mLAN 协议、ATM 等。这些协议和格式的应用使得数字广播系统具有更强的灵活性和可扩展性。例如,TDM BUS 协议在时分复用技术的基础上,可以将多个音频、视频和其他数据流整合到一个传输通道中,增强了传输效率;mLAN 协议则是一种基于火线 1394 接口的多媒体传输协议,可以实现高速、稳定的多媒体数据传输;ATM(异步传输模式)是一种面向连接的分组交换技术,具有较高的传输速率和可靠性,适用于大规模的多媒体数据传输。数字广播系统的另一个重要特点是其信号的数字化处理。相比传统的模拟信号,数字信号具有更高的抗干扰能力和更低的误码率。除了传统的音频和视频传输,数字广播系统还可以支持多种数据业务,如文字新闻、天气预报、交通信息等。同时,随着互联网和移动通信技术的融合发展,数字广播系统的应用领域也在不断扩展。例如,通过网络广播和移动互联网应用,受众可以随时随地收听和观看数字广播节目,享受更加便捷的视听体验。

## 三、数字广播的传输方式

数字广播的传输方式是多种多样的,它们各自具有独特的特性和优势,传输方式有以下几种:

### 1. 卫星传输

通过卫星进行广播信号的传输,覆盖范围广,适用于跨国或跨地区广播。

数字广播作为信息传播的重要手段,在现代社会发挥着日益重要的作用。其中,卫星传输作为数字广播的一种主要传输方式,具有覆盖范围广、传输质量高、适用于跨国或跨地区广播等诸多优势,成为当今广播领域不可或缺的技术手段。

(1)卫星传输原理及优势

卫星传输是利用地球同步轨道上的通信卫星作为中继站,实现广播信号的传输。在卫星传输中,地面发射站将广播信号发射到卫星上,卫星将其转发到地面接收站,从而实现了广播节目的传输。首先,卫星传输具有覆盖范围广的优点。卫星处于地球同步轨道上,其覆盖范围非常广,可以覆盖全球大部分地区,因此,对于跨国或跨地区的广播传输,卫星传输是一种非常有效的传输方式。它可以使得不同国家和地区的人们都能够接收到同样的广播节目,加强了信息的传播和交流。其次,卫星传输的信号质量比较稳定。卫星传输是通过卫星进行信号的传输,其受到地理环境和气象条件的影响比较小。相比之下,地面传输会受到地形、建筑物、天气等因素的影响,容易出现信号干扰和衰减。因此,卫星传输的信号质量比较稳定,能够提供较高质量的广播节目。此外,卫星传输还具有传输容量大的优点。卫星传输是通过无线方式进行信号的传输,其传输带宽比较宽,可以同时传输多个频道的广播节目。这使得卫星传输能够提供更多的广播节目选择,满足不同用户的需求。总之,卫星传输作为一种重要的传输方式,具有覆盖范围广、信号质量稳定、传输容量大等优点。这些优点使得卫星传输成为数字广播领域中的重要传输方式之一,尤其适用于跨国或跨地区的广播传输。随着技术的不断发展和进步,相信卫星传输技术将继续发挥更加重要的作用,推动数字广播事业的繁荣和发展。要想实现卫星传输,需要建立一个完整的卫星传输系统。该系统包括地面发射站、通信卫星和地面接收站三个主要组成部分。地面发射站负责将广播信号发射到卫星上,通信卫星负责对广播信号进行中继转发,地面接收站负责接收卫星转发的广播信号并将其还原成原始的广播节目。在卫星传输系统中,地面发射站的建设需要考虑地理位置、发射功率、天线增益等因素,以确保能够将信号有效地发射到卫星上。同时,地面接收站的建设也需要考虑地理位置、接收灵敏度、抗干扰能力等因素,以确保能够有效地接收卫星转发的信号并将其还原成高质量的广播节目。除了建立完整的卫星传输系统,还需要加强系统的管理和维护工作。这包括对系统设备的定期检查和维护、对信号质量的监测和控制、对系统故障的及时处理和排除等。通过加强系统的管理和维护工作,可以确保卫星传输系统的稳定运行和可靠性,增强数字广播节目的质量和用户体验。

(2)卫星传输在数字广播中的应用

在这个数字化时代,卫星传输作为一种先进的传输方式,在数字广播中发挥着举足轻重的作用。卫星传输不仅具有覆盖范围广、信号质量稳定、传输容量大等优势,还能支持音频、视频及多媒体数据的传输,极大地丰富了广播节目的内容和形式。在数字音频广播中,卫星传输展现出了卓越的性能。传统模拟信号传输中常常出现的信号衰减和失真问题,在卫星传输中得到了有效解决。通过数字化的形式,音频信号能够清晰、准确地传达到听众耳中,保证了音频节目的高质量传输。同时,卫星传输还能实现多路音频信号的并行传输,大幅增强了音频广播的传输效率,使得广播电台能够提供更多样化、更高质量的音频节目,让听众获得更加优质的收听体验。在数字视频广播领域,卫星传输更是发挥着不可替代的作用。通过卫星传输,视频信号能够以数字化的形式进行传输,有效避免了传统模拟信号传输中的图像失真和色彩失真问题。卫星传输的大带宽和高传输速率使得高清甚至超高清的视频信号得以顺畅传输,为观众带来了更加清晰、逼真的视觉盛宴。这使得电视台能够向观众展现更加生动、多彩的视频节目,极大地增强了观众的观看体验。除了音频和视频传输,卫星传输在多媒体数据广播中也展现出了强大的实力。通过卫星传输,文字、图片、音频、视频等多种类型的多媒体数据能够以数字化的形式快速、高效地传输。这使得广播电台和电视台能够向用户提供更加丰富多样的多媒体内容,满足了用户对多样化信息的需求。在这个信息化时代,人们越来越注重信息的获取和分享,而卫星传输正是实现这一目标的重要手段之一。此外,卫星传输还支持移动广播和直播报道等多种广播形式。通过卫星传输,移动广播车能够将现场采集的音频、视频等多媒体数据实时传输到广播电台或电视台,实现了现场直播报道。这种直播方式打破了地域限制,让观众能够实时了解世界各地的重大事件和新闻动态。同时,卫星传输还能实现移动设备的接收和播放,用户可以在任何时间、任何地点接收到广播节目,极大地扩大了广播节目的覆盖范围和受众群体。在国际合作方面,国际卫星广播组织在数字广播中发挥着桥梁和纽带的作用。它们通过卫星传输为世界各地的广播电台和电视台提供高质量的节目源,促进了不同国家和地区之间的文化交流与合作。这些组织不仅提供技术上的支持和服务,还积极推动广播技术的创新和发展。通过与国际卫星广播组织的紧密合作和交流,广播电台和电视台可以获取更多的节目资源和信息,进一步丰富了广播节目的内容和形式。总的来说,卫星传输在数字广播中的应用是全方位的、深入的。它不仅增强了广播节目的传输效率和质量,还极大地丰富了广播节目的内容和形式。卫星传输的优势在数字广播中得到了充分体现,满足了现代社会对信息传播的高要求。随着技术的不断进步和创新,卫星传输在数字广播中的应用将更加广泛和深入,为广播事业的发展注入新的活力。

(3)卫星传输面临的挑战与对策

地面无线传输作为通信领域的重要分支,在现代社会中发挥着不可或缺的作用。尽管这种方式受到地形和建筑物的影响较大,但凭借其灵活性和便捷性,在特定应用场景中仍具有独特的优势。地面无线传输的基本原理是通过无线电波在空气中的传播来实现信息的传递。无线电波是一种电磁波,具有在空间中传播的能力。地面无线传输系统通常由发射机、接收机和传输媒介(即空气)组成。发射机将信息加载到无线电波上,通过天线发射出去;接收机则通过天线接收无线电波,并从中提取出信息。在这个过程中,无线电波的传输特性受到多种因素的影响,包括地形、建筑物、大气条件等。在地面无线传输中,中波和调频是三种主要的传输方式。中波传输主要依靠地波绕地球表面传播,信号相对稳定,但传播距离较近。调频传输则通过改变载波的频率来传递信息,具有较高的抗干扰能力和较好的音质,广泛应用于广播、电视等领域。首先,地面无线传输具有较强的灵活性。由于无须铺设线缆或光纤等物理媒介,地面无线传输可以快速部署和调整,适应各种复杂环境和临时需求。其次,地面无线传输成本相对较低。

**2. 地面无线传输**

地面无线传输是利用地面无线电波进行信息传输的一种方式,涵盖了短波、中波和调频等多种传输手段。这种传输方式在现代通信中占据着重要的地位,尽管它受到地形和建筑物等因素的影响较大,但在许多应用场景中仍具有独特的优势。地面无线传输的工作原理是通过将信息加载到无线电波上,并利用天线将电波发射到空气中,接收端再通过天线接收这些电波并从中提取出信息。在这个过程中,无线电波的传输特性受到多种因素的影响。例如,地形的高低起伏、建筑物的密集程度以及大气条件等都会对无线电波的传输造成干扰和衰减。

在地面无线传输中,短波、中波和调频是三种主要的传输方式,它们各自具有不同的特点和适用场景。短波传输主要利用天波经电离层反射后传播,可以实现较远距离的通信,但信号稳定性相对较差,容易受到天气和太阳活动等因素的影响。中波传输则主要依靠地波绕地球表面传播,信号相对稳定,适用于中等距离的通信。尽管地面无线传输受到地形和建筑物的较大影响,但在某些应用场景中仍具有独特的优势。首先,地面无线传输具有较强的灵活性,可以快速部署和调整,适应各种复杂环境和临时需求。这对于应急通信、临时活动以及偏远地区的通信等场景非常有利。这对于经济欠发达地区或临时性项目来说具有重要的经济价值。此外,地面无线传输还具有较好的可扩展性和适应性,可以根据实际需求进行灵活配置和扩展,满足不同场景下的通信需求。在实际应用中,地面无线传输被广泛应用于广播、电视、移动通信、遥感遥测等领域。例如,在广播领域,地面无线传输是实现广播电台与听众之间信息传递的主要手段之一。在移动通信领域,地面无线传输是实现手机、平板等设备与基站之间通信的关键技术之一。通过地面无线传输用户可以随时随地接入互联网、拨打电话、发送短信等享受便捷的移动通信服务。此外,在遥感遥测领域地面无线传输也发挥着重要作用,如气象监测、地质勘探等都需要利用地面无线传输技术来传递数据和信息。然而,地面无线传输也存在一些挑战和问题。首先,信号受到地形和建筑物的影响较大,可能导致信号衰减、多径效应等问题,影响通信质量。为了克服这些问题,需要采用先进的信号处理技术和多天线技术等手段来增强信号的抗干扰能力和传输效率。其次,随着无线通信设备的不断增加和频谱资源的日益紧张,频谱管理和干扰控制成为地面无线传输面临的重要问题。为了解决这些问题,需要采用动态频谱管理、认知无线电等技术来增强频谱利用率和降低干扰。

**3. 有线传输**

数字广播的有线传输是一种通过有线网络进行信号传输的方式,相较于传统的模拟信号传输,有线数字广播具有更高的传输质量和更强的稳定性。在有线传输中,信号的传输依赖于物理媒介,如光纤、同轴电缆等,这些媒介能够提供高速、可靠的信号传输。数字广播的有线传输系统通常包括信号源、编码器、调制器、混合器、传输设备和接收设备等组成部分。信号源产生需要传输的音频、视频或其他类型的数据信号,编码器将这些信号转换为适合传输的数字信号,调制器则将数字信号加载到载波上,以便在传输媒介上进行传输。混合器用于将多个信号合并到一个信号通道中,以实现多路复用。传输设备则负责将信号从发射端传送到接收端,而接收设备则负责接收信号并将其还原为原始信号。有线传输的优势在于其传输质量高、稳定性强、覆盖范围广等方面。有线传输是通过物理媒介进行信号传输的,因此可以有效避免无线传输中的干扰和衰减问题。同时,有线传输还能够提供高速、大容量的数据传输服务,适用于各种类型的数据应用,如电视节目、互联网接入、多媒体服务等。此外,有线传输的覆盖范围较广,可以通过有线网络将信号传输到各个角落,满足广大用户的收听需求。数字广播的有线传输在实践中得到了广泛应用。例如,在城市中,有线数字电视是一种常见的有线传输方式。通过将电视信号数字化并传输到有线网络上,用户可以接收高质量的电视节目,享受丰富的视听体验。此外,在音频广播领域,有线传输也被广泛应用于广播电台的信号传输。通过将音频信号数字化并传输到有线网络上,广播电台可以提供更加清晰、稳定的广播服务,增强听众的收听体验。然而,数字广播的有线传输也存在一些挑战和问题。首先,有线传输需要依赖庞大的有线网络基础设施,这对于一些偏远地区或不发达地区来说是一个难题。此外,有线网络的建设和维护成本相对较高,增大了运营商的投资压力。其次,随着移动互联网和无线技术的快速发展,用户对于移动接收服务的需求不断增加,有线传输在灵活性方面存在一定的限制。为了克服这些问题,一些新的技术和解决方案被不断提出。例如,采用光纤技术可以增强有线网络的传输速度和容量,满足用户对于高清视频、高速互联网等高带宽应用的需求。同时,采用网络融合技术可以将有线网络与无线网络进行整合,为用户提供更加灵活、多样化的服务。此外,探索新的传输协议和技术标准也是未来的研究方向之一,以增强有线网络的性能和兼容性。

**4. 网络广播**

网络广播,也称为在线广播,是指通过互联网进行广播内容的传输和分发的一种新型广播形式。与传统的广播方式相比,网络广播具有较强的灵活性和互动性,能够更好地满足现代听众的多元化需求。网络广播的发展得益于互联网技术的迅猛发展。互联网的普及和带宽的增加为广播内容的传输提供了强大的支持,使得音频、视频等多媒体内容能够流畅地传输到听众的终端设备上。同时,网络广播还具有不受地域限制的特点,听众可以在任何有网络的地方接收到广播内容,极大地拓展了广播的覆盖范围。网络广播的灵活性体现在多个方面。首先,网络广播的播出时间更加灵活,听众可以选择在任何时间收听节目,而不必像传统广播那样受到固定播出时间的限制。其次,网络广播的内容更加丰富多样,可以涵盖新闻、音乐、谈话、娱乐等多个领域,满足不同听众的需求。此外,网络广播还支持多种格式的音频文件,可以根据听众的喜好和设备选择合适的格式进行播放。互动性是网络广播的另一大特点。通过网络平台,听众可以实时参与节目互动,例如通过在线聊天、弹幕、投票等方式与主持人或其他听众进行交流。这种互动方式不仅增强了听众的参与感,还为主持人提供了更多与听众互动的机会,有助于提升节目的质量和口碑。在实际应用中,网络广播已经渗透到人们生活的方方面面。各大电台纷纷推出自己的网络广播平台,提供在线直播和点播服务。许多知名主持人也通过网络广播与粉丝互动,扩大自己的影响力。此外,一些企业、组织和个人也利用网络广播进行品牌宣传、产品推广等活动。网络广播的发展也面临一些挑战和问题。一方面,随着移动互联网的发展,听众的注意力被分散,如何在众多竞争者中脱颖而出成为网络广播面临的一大难题。另一方面,网络广播是新兴事物,缺乏统一的标准和规范,导致不同平台之间的互操作性存在困难。此外,网络安全和版权保护也是网络广播发展中需要关注的问题。为了应对这些挑战和问题,未来的网络广播需要不断创新和完善。首先,提升节目质量是关键。主持人需要不断更新自己的节目内容,以满足听众的需求。同时,可以通过引入专业人才、加强培训等方式提升制作团队的专业水平。其次,加强平台建设和推广是必要的。平台需要不断优化用户体验,提供更多个性化服务,如定制推送、智能推荐等。此外,还需要通过与其他媒体合作、开展线上线下活动等方式扩大品牌影响力。

### 四、数字广播的应用

随着广播技术的不断发展和进步,数字广播已经从单一的音频传输进入了数字多媒体广播的时代。在这个新的时代,数字广播为受众提供了更加丰富多彩的节目内容,也带来了更加便捷的接收体验。数字广播的节目内容已经不再局限于传统的音频信号,而是包含了视频、图文、数据等多种媒体形式。这种多元化的内容形式使得受众可以通过数字广播接收到更加丰富多彩的节目内容,满足不同人群的多样化需求。例如,一些数字广播节目不仅提供音频信号,还附带有相关的视频或图文信息,让受众更加深入地了解节目的内容和背景。此外,数字广播还支持多种数据服务,如天气预报、交通信息等,为受众提供更加便捷的生活服务。除了传统的收音机、电视机等接收设备,手机、电脑、便携式接收终端、车载接收终端等都可以作为数字广播的接收设备。这种多样化的接收设备使得受众可以随时随地收看到数字广播的节目,不受时间和地点的限制。例如,在移动设备上,受众可以通过应用程序或网页收看数字广播节目,享受更加便捷的视听体验。此外,车载接收终端也可以通过与车载导航系统或智能手机的连接,为驾驶员提供实时的交通信息和天气预报等便利服务。

通过数字广播,人们可以在家中或其他场所接受远程教育,学习各种知识和技能。这种远程教育方式可以为那些无法亲自到学校或培训机构的人们提供平等的教育机会。同时,数字广播也可以用于远程医疗,为患者提供及时、准确的医疗服务。医生可以通过数字广播与患者进行远程交流和诊断,为那些身处偏远地区或无法及时前往医院的患者提供及时的医疗帮助。并且,数字广播的应用领域也在不断扩展。除了传统的广播节目传输和远程教育、远程医疗等领域的应用,数字广播还可以应用于应急指挥、智能交通等领域。例如,在应急指挥领域,数字广播可以用于传递紧急信息、协调救援资源和指挥调度等方面的工作。在智能交通领域,数字广播可以用于传递交通信息、提供实时路况和导航服务等。

在未来,随着技术的不断进步和应用需求的增加,数字广播将会不断创新和发展。首先,随着5G、物联网等新技术的广泛应用,数字广播的传输速度和稳定性将得到进一步增强。这将使得数字广播能够提供更加高清、流畅的节目内容和服务,满足受众更高层次的需求。其次,随着人工智能技术的不断发展,数字广播将会实现更加智能化和个性化的服务。例如,通过人工智能技术对受众的需求和偏好进行分析和预测,数字广播可以为受众提供更加精准的节目推荐和服务定制。不仅如此,随着数字化技术的不断进步和应用领域的不断扩展,数字广播将会为人们的生活和工作带来更多的便利和乐趣。例如,通过数字广播与智能家居系统的结合,人们可以在家中享受到更加智能化的生活体验;通过数字广播与虚拟现实技术的结合,人们可以享受到更加沉浸式的视听体验等。

## 五、数字广播的挑战

数字广播作为现代传媒的一种形式,在提供高质量音频、视频服务的同时,也面临着许多挑战。这些挑战主要来自技术、运营和市场等方面,需要广播机构和相关技术提供商不断探索和创新,以应对市场的变化和用户的需求。首先,技术挑战是数字广播面临的一个重要问题。数字广播技术需要不断更新和升级,以适应不断变化的市场需求。随着移动互联网和智能终端的普及,用户对于音频、视频的质量和服务体验的要求也越来越高。广播机构需要不断提升技术水平,增强节目的传输质量,增强节目输出的稳定性,以满足用户对于高品质内容的需求。同时,随着新媒体技术的不断发展,广播机构还需要不断探索新的传输协议和标准,以适应市场的变化和未来的发展趋势。其次,运营挑战也是数字广播面临的一个重要问题。数字广播的运营需要依靠高效的节目制作、传输和分发系统,以及专业的管理团队和技术支持团队。广播机构需要建立健全的运营管理体系,优化内部流程,增强工作效率,以保证节目的质量和稳定性。同时,还需要根据市场需求和用户行为分析,制定合理的节目编排和推广策略,以增强收听率和扩大市场份额。此外,市场挑战也是数字广播面临的一个重要问题。随着新媒体的崛起和传统媒体的转型,广播市场的竞争越来越激烈。广播机构需要不断创新节目内容和服务模式,以吸引更多的用户和广告主。同时,还需要加强与新媒体平台的合作,拓展新的传播渠道和商业模式,以增强自身的竞争力和市场份额。为了应对这些挑战,数字广播机构需要采取一系列措施。首先,需要加强技术研发和创新投入,增强节目的传输质量,增强节目输出的稳定性。同时,还需要加强市场分析和用户研究,制定合理的节目编排和推广策略。

## 六、数字广播的发展趋势

数字广播作为一种现代化的信息传播方式,正在经历着持续发展和创新。随着科技的进步和市场的需求变化,数字广播呈现出多种发展趋势,这些趋势预示着广播行业的未来走向和变革。首先,移动化和智能化是数字广播发展的重要趋势。随着移动互联网和智能终端的普及,用户越来越习惯于通过手机、平板等设备接收信息。数字广播需要适应这一变化,开发适用于各种移动设备的客户端和应用,让用户能够随时随地收听广播内容。同时,借助人工智能技术,数字广播可以实现个性化推荐、智能语音交互等功能,提升用户体验和满意度。其次,多媒体化和交互性也是数字广播发展的重要方向。传统的广播以音频为主,而数字广播则可以融入更多的多媒体元素,如视频、图片、文本等,丰富节目的表现形式和内容。这使得数字广播能够更好地满足用户的多样化需求,提升节目的吸引力和传播效果。此外,数字广播的跨平台融合和社交媒体化也是不可忽视的趋势。数字广播需要充分利用各种社交媒体平台,如微博、微信、抖音等,与听众建立更紧密的联系和互动。通过跨平台融合,数字广播可以扩大节目的传播范围和影响力,吸引更多的用户和粉丝。同时,社交媒体平台也为数字广播提供了用户数据和行为分析的重要工具,有助于更精准地了解用户需求和市场动态。在技术应用方面,5G、物联网、云计算等新技术的发展将为数字广播带来新的机遇和挑战。5G 的高带宽和低时延特性将为数字广播提供更高质量的传输和更流畅的用户体验。物联网技术的应用将使得数字广播能够融入更多的智能设备和场景中,为用户提供更加个性化的服务。云计算则为数字广播提供了强大的数据处理和存储能力,支持更大规模的运营和更高效率的工作流程。另外,内容创新和品牌建设是数字广播长期发展的关键。面对激烈的市场竞争和用户多样化的需求,数字广播需要不断创新节目内容和服务模式,打造具有特色和影响力的品牌节目。通过精心策划和制作高品质的内容,数字广播可以吸引更多的用户和广告主关注和支持。同时,加强与其他媒体和产业的合作与交流也是提升数字广播品牌影响力和市场竞争力的重要途径。

### 七、数字广播与模拟广播的比较

数字广播与模拟广播在信号传输、音质表现、覆盖范围、交互性等方面存在显著的差异。第一，在信号传输方面，模拟广播采用模拟信号进行传输，容易受到干扰和衰减，导致音质下降和覆盖范围受限；而数字广播则采用数字信号进行传输，具有较强的抗干扰能力和更广泛的覆盖范围。第二，在音质表现方面，模拟广播的音质相对较差，存在噪声、失真等问题；而数字广播则能保证音质的稳定性和清晰度，即使在接收信号较弱的情况下也能保持较好的音质表现。第三，在覆盖范围方面，模拟广播受到发射功率、地形、建筑物等因素的影响较大，覆盖范围相对较小；而数字广播则能实现更广泛覆盖，穿透建筑物等障碍物，甚至可以通过互联网等网络进行传输。在交互性方面，模拟广播是单向传输的，听众只能被动接收广播内容；而数字广播则具有较强的交互性，听众可以通过多种方式参与到节目中来，与主持人和其他听众进行实时交流。第四，在节目内容和服务方面，模拟广播的节目内容相对单一，服务也相对简单；而数字广播则能提供更加丰富多彩的节目内容和更高级的服务，满足听众多样化的需求。综上所述，数字广播相比模拟广播具有更多的优势和发展潜力，未来随着技术的进步和市场的需求变化，数字广播将在广播行业中占据越来越重要的地位，推动广播行业的创新和发展。

# 第二节 广播数字化产生的深刻变革

## 一、传输方式的变革

传统广播是指采用模拟信号传输方式的广播，其传输带宽有限，信号质量易受干扰，常常会受到噪声、失真等问题的影响。相比之下，数字化广播采用数字信号传输方式，具有更高的抗干扰能力和更低的误码率。数字信号在传输过程中可以有效地避免噪声的干扰和失真，保持较高的音质和画质表现。此外，数字化处理还使得信号可以进行压缩和加密，提高了传输效率，增强了传输的安全性。数字化广播的传输方式采用了先进的数字编码技术和高效的传输协议，使得音频、视频、图文等多种媒体形式可以在同一信道上传输，并且可以实现高质量的实时传输。这种数字编码技术采用了高效的压缩算法和传输协议,可以将音频、视频和图文等多种媒体形式进行高效的压缩和传输,避免了传统模拟广播中传输带宽不足和信号质量不稳定的问题。同时,数字化广播还采用了先进的调制技术和多路复用技术,使得多个节目可以在同一信道上传输,增强了频谱利用率和传输效率。这种多路复用技术可以同时传输多个节目,使得听众可以根据自己的喜好选择收听不同的节目,增强了广播的灵活性,提升了广播个性化程度。

数字化广播的传输方式还具有更强的灵活性和可扩展性。通过不同的调制方式和编码技术,可以实现不同的传输速率和传输距离。例如,采用高清晰度视频编码技术和高速数据传输协议可以实现高清晰度视频节目的传输;此外,数字化广播还可以与互联网、移动通信等其他通信网络进行互联互通,实现更加广泛的应用。例如,通过互联网广播平台,人们可以在计算机、平板等设备上收听各种类型的广播节目;通过移动通信网络,人们可以在手机上随时随地收听广播节目。这种融合发展为受众提供了更加便捷的接收方式和更加丰富多样的内容选择。并且数字化广播的产生和发展不仅改变了传统广播的传输方式和内容形式,也带来了更多的机遇和挑战。随着科技的不断进步和应用需求的增加,数字化广播的内容形式还将不断创新和发展。例如,虚拟现实技术的发展为数字化广播提供了更多的可能性,未来的数字化广播将会呈现出更加逼真的视听效果和更加丰富多样的内容形式。同时,随着互联网和移动通信等其他通信网络的不断发展,数字化广播的传输方式和接收方式也将不断创新和发展。未来的数字化广播将会更加智能化、个性化和便捷化,为人们的生活和工作带来更多的便利和乐趣。

## 二、内容形式的变革

数字化广播提供了更加多样化的音频格式和编码技术,使得音频节目的音质和清晰度得到了大幅提升。相比传统模拟广播,数字化广播的音频信号具有更高的保真度和更低的噪声干扰,可以让受众享受到更加纯净、清晰的音乐和语言节目。此外,数字化广播还支持多种音频格式,如 MP3、AAC 等,可以满足不同听众的需求。其次,数字化广播引入了视频媒体形式,使得广播节目可以呈现出更加生动、形象的视觉效果。通过数字视频信号的传输和处理技术,数字化广播可以实现高清晰度、流畅自然的视频画面,为听众带来更加真实的视听体验。数字化广播的视频节目不仅可以在电视屏幕上观看,还可以通过手机、平板等移动设备进行收看,满足了受众在不同场景下的收听需求。此外,数字化广播还支持图文信息的传输。通过数字图像处理技术,可以将文字、图片等信息与音频、视频相结合,实现更加丰富多样的广播节目形式。例如,在新闻报道中,数字化广播可以及时传递新闻图片和文字信息,让听众更加直观地了解新闻事件。同时,数字化广播还支持互动功能,听众可以通过短信、微信等方式参与节目讨论和投票,使广播节目更加贴近听众的需求。另外,数字化广播还促进了广播与互联网、移动通信等其他通信网络的融合发展。通过移动通信网络,人们可以在手机上随时随地地收听广播节目。

### 三、接收设备的变革

随着科技的不断发展,广播接收设备也在不断变革。从最初的模拟接收器到现代的数字化接收设备,每一次的进步都带来了更丰富、更便捷的广播体验。在模拟广播时代,人们主要通过模拟接收器来收听广播。模拟接收器由调谐器、放大器和扬声器等组成,通过调谐器选择电台频率,放大器将信号放大,然后通过扬声器播放出来。然而,由于受到信号质量、干扰等因素的影响,模拟接收器的音质和音量并不稳定,给听众的收听体验带来了一定的限制。随着数字化技术的广泛应用,广播接收设备也发生了深刻的变化。数字化接收设备采用数字信号处理技术,能够将模拟信号转换为数字信号进行处理和传输。这种数字化接收设备具有更高的抗干扰能力和更低的误码率,能够提供更加清晰、稳定的音质和画质表现。数字化接收设备的出现,使得广播接收方式变得更加多样化和个性化。现代的数字化接收设备通常具有多种功能,如音频播放、视频播放、数据传输等。听众可以通过手机、平板、电脑等设备随时随地收听广播节目,而且可以根据自己的喜好选择不同的节目和内容。此外,数字化接收设备还具有更强的灵活性和可扩展性。例如,采用高速数据传输协议可以实现高清晰度视频节目的传输;采用低功耗、低速数据传输协议可以实现远程控制和数据采集等功能。通过互联网和移动通信网络,数字化广播可以实现对多种媒体形式的传输和发布,进而实现更加广泛的应用和服务。

### 四、运营模式的变革

广播数字化带来的运营模式变革是深刻且多维度的。它不仅改变了广播内容的生产和传播方式,更在运营管理、商业模式和与听众的互动关系等方面带来了前所未有的影响。第一,数字化使得广播节目的制作和传输更为高效和灵活。传统的广播制作流程通常涉及多个环节,如录制、编辑、合成等,需要大量的人工操作。而数字化技术,如数字音频工作站、非线性编辑系统等,使得这些环节可以整合在一起,大大简化了制作流程。同时,数字化传输使得广播信号在传输过程中具有更强的稳定性和更高的抗干扰能力,增强了广播的质量,扩大了广播的覆盖范围。第二,数字化改变了广播的商业模式。传统的广播收入主要来源于广告和赞助,而数字化带来了更多的盈利模式。例如,通过提供付费订阅服务,广播机构可以为用户提供更高质量的音频内容或特定频道的独家访问权。此外,数字化还使得广播机构能够更好地分析用户数据和市场趋势,从而制定更加精准的广告和营销策略。第三,数字化增强了广播与听众的互动性。传统的广播往往是单向的,听众无法实时参与或反馈。而数字化技术使得广播可以与听众进行实时互动,如在线投票、评论、聊天等。这种互动不仅增强了听众的参与感和忠诚度,还为广播机构提供了宝贵的用户反馈和市场信息。此外,数字化还促进了广播与其他媒体的融合。数字化广播可以轻松地融入这些设备中,为用户提供更为便捷和个性化的收听体验。同时,数字化也使得广播可以与社交媒体、视频平台等进行跨媒体合作,拓展了广播的传播渠道和影响力。另外,数字化还对广播的运营管理产生了影响。数字化技术使得广播节目的生产和传输可以远程进行,无须受地域限制。这为广播机构提供了更强的灵活性,可以根据市场需求快速调整节目内容和制作人员配置。此外,数字化技术也使得广播机构的内部管理更加高效和透明化,如通过电子化办公系统、数据管理系统等增强工作效率和决策准确性。

## 五、节目制作环节的变革

数字化技术的应用极大地提升了广播节目的制作水平和效率,也为制作人员提供了更大的创作空间和可能性。第一,数字化技术提升了广播节目的音质表现。传统的模拟广播中,音质会受到多方面因素的影响,如录音设备的质量、传输过程中的失真等,导致音质不清晰、有杂音等问题。而数字化技术则通过将音频信号转化为数字数据,实现了音频质量的无损传输和储存,极大提升了广播节目的音质。数字录音设备的出现,使得广播节目的音质更加纯净、细腻,为听众提供了更加优质、真实的听觉体验。第二,数字化技术简化了广播节目的制作流程。在传统的模拟广播制作中,需要经过多道工序,如录制、剪辑、混音等,每个环节都需要人工操作,过程复杂且耗时。而数字化技术的应用使得这些环节可以实现无缝衔接,制作人员可以通过数字音频工作站等软件,实现音频的录制、剪辑、混音等一系列操作,极大地简化了制作流程,增强了制作效率。这不仅减少了制作人员的工作量,还使得节目的制作更加快速、高效。第三,数字化技术为制作人员提供了更多的创作空间和可能性。数字化技术使得音频处理和编辑变得更加灵活和方便,制作人员可以通过各种数字音频处理软件和插件,对音频进行细致的处理和编辑。这为制作人员提供了更多的创作空间和可能性,他们可以通过技术手段实现更加丰富多样的音效和音乐编排,提升节目的艺术表现力和感染力。同时,数字化技术还支持多轨录音和实时合成,使得制作人员可以更加高效地完成复杂节目的制作。第四,数字化技术增强了广播节目的互动性和实时性。数字化技术使得广播节目可以与互联网进行无缝对接,实现与听众的实时互动。通过在线投票、评论、社交媒体互动等方式,制作人员可以及时获取听众的反馈和意见,对节目进行调整和改进。这种互动性不仅增强了听众的参与感和忠诚度,还使得节目更加贴近听众需求,提升节目质量。同时,数字化技术还支持节目的实时传输和播放,使得直播节目更加流畅、准确,增强了节目的实时性和可靠性。另外,数字化技术促进了广播节目的个性化定制。随着大数据和人工智能技术的发展,数字化技术可以实现对用户行为和偏好的精准分析。通过收集和分析用户数据,制作人员可以了解听众的喜好和习惯,为他们量身定制个性化的广播节目。例如,可以根据用户的收听记录和偏好推荐相应的音乐、新闻等内容,或者根据用户的地域和时间段等信息进行定向推送。这种个性化定制不仅满足了用户的需求和喜好,还进一步提升了广播节目的传播效果和影响力。

## 六、用户体验的变革

广播数字化产生的深刻变革在用户体验方面体现得尤为突出。传统的模拟广播在用户体验上存在着诸多局限性,而数字广播通过技术的革新和进步,为用户带来了更加优质、便捷和个性化的收听体验。第一,数字广播显著提升了音质表现。模拟广播在传输过程中容易受到干扰和衰减,导致音质下降,噪声和失真问题不可避免。而数字广播采用数字信号进行传输,具有较高的抗干扰能力和稳定性,能够保证音质的清晰度和保真度。用户可以更加清晰地听到音乐、对话和声音效果,获得更加真实的听觉感受。第二,数字广播实现了更广泛的覆盖范围和更稳定的信号传输。传统的模拟广播受发射功率、地形、建筑物等因素的影响,覆盖范围有限,且信号传输不稳定。而数字广播通过数字信号的传输方式,能够穿透建筑物等障碍物,实现更广泛的覆盖。无论是在城市的高楼大厦还是乡村的偏远地区,用户都能够稳定地接收到数字广播的信号,不再受限于地理位置和环境因素。第三,数字广播提供了更加丰富的节目内容和多样化的服务。传统的模拟广播节目内容相对单一,主要以音频为主,缺乏多媒体元素的融入。而数字广播可以融入视频、图片、文本等多媒体元素,为用户提供更加丰富多彩的节目内容。用户可以通过数字广播收听到各种类型的音乐、新闻、娱乐、教育等节目,满足不同的需求和兴趣。同时,数字广播还能提供个性化推荐、智能语音交互等高级服务,根据用户的喜好和习惯,为其定制个性化的收听体验。此外,数字广播还增强了与用户的交互性。传统的模拟广播是单向传输的,用户只能被动地接收广播内容,无法实现与节目的实时互动和参与。而数字广播通过在线投票、弹幕评论、社区互动等方式,让用户可以实时参与到节目中来,与主持人和其他听众进行交流和互动。这种交互性不仅增强了用户的参与感和归属感,还使得广播节目能够更精准地满足用户的需求和反馈,提升用户体验的满意度。另外,数字广播还带来了更加便捷和灵活的收听方式。随着移动互联网和智能终端的普及,用户可以随时随地通过手机、平板、智能音箱等设备收听数字广播。无论是在家中、办公室还是户外,用户都能够轻松接入数字广播的网络,享受到高质量的音频内容和丰富的服务。同时,数字广播还支持离线下载和缓存功能,用户可以在没有网络的情况下继续收听已下载的节目,实现真正的随时随地收听体验。

## 七、与新媒体的融合发展

随着数字化技术的不断进步和新媒体的迅速崛起,广播与新媒体的融合发展成为广播行业的重要趋势,为广播带来了前所未有的发展机遇和挑战。第一,广播数字化为与新媒体的融合发展提供了技术基础。数字化技术的应用使得广播信号可以以数字形式进行传输和处理,与互联网、移动通信等新媒体技术实现了无缝对接。广播机构可以通过数字化技术将广播节目转化为数字信号,然后通过互联网、移动网络等新媒体平台进行传输和分发,实现广播内容的跨平台传输。第二,广播与新媒体的融合发展丰富了广播的传播渠道和形式。传统的广播传播主要依赖于无线电波传输,受众范围有限。而与新媒体的融合发展使得广播可以通过多种渠道进行传播,如网络直播、在线点播、移动 APP 等。用户可以通过电脑、手机、平板等设备随时随地收听广播节目,不再受地域和时间的限制。同时,广播节目也可以融入文字、图片、视频等多媒体元素,提供更加生动、多样的内容形式,满足用户多样化的需求。第三,广播与新媒体的融合发展提升了广播的互动性和用户参与度。传统的广播是单向传输的,用户只能被动接收节目内容。而与新媒体的融合发展使得广播可以实现与用户的实时互动。通过在线投票、弹幕评论、社交媒体互动等方式,用户可以参与到节目中来,表达自己的观点和意见,与主持人和其他听众进行交流和互动。这种互动性不仅增强了用户的参与感和归属感,还为广播节目提供了更多的用户反馈和市场信息,有助于节目的优化和创新。此外,广播与新媒体的融合发展还促进了广播与其他行业的跨界合作。在新媒体时代,媒体之间的边界逐渐模糊,不同媒体形态之间的融合和跨界合作成为趋势。广播机构可以与互联网公司、电信运营商、内容提供商等进行合作,共同打造全新的媒体生态链。例如,广播机构可以与音乐平台合作推出音乐榜单和专属歌单;与电商平台合作推出广播购物节目和优惠券活动等。这种跨界合作不仅拓展了广播的传播渠道和商业模式,还为广播机构带来了更多的盈利机会和发展空间。另外,广播与新媒体的融合发展对广播人才的要求也发生了变化。传统的广播人才主要具备音频制作和播音主持等技能,而在与新媒体融合发展的过程中,广播人才需要掌握更多的数字化技术和新媒体运营能力。他们需要了解互联网思维、数据分析、社交媒体运营等新知识,具备跨媒体整合传播的能力和创新意识。因此,广播机构需要加强对人才的培养和引进,打造一支具备数字化技能和新媒体素养的专业团队。

# 第三节　新兴媒体

## 一、新兴媒体的概述

新兴媒体,指的是随着数字技术、网络技术和移动通信技术的快速发展而出现的一种新型媒体形态,它们借助于互联网、无线通信网等传播平台,以数字化、网络化、互动性等特点为主要特征,为人们提供了全新的信息获取和传播方式,逐渐成为现代社会信息传播的主流形式。新兴媒体的出现,不仅改变了人们的生活方式,也对传统媒体产生了巨大的冲击。传统媒体如报纸、杂志、电视等在传播方式、传播速度和传播范围等方面都受到了新兴媒体的挑战。新兴媒体以其快速、便捷、互动性等优势,迅速成为人们获取信息、交流互动的主要渠道。新兴媒体的快速发展,得益于数字技术、网络技术和移动通信技术的不断进步。数字技术的运用使得信息的处理和传输更加高效、准确;网络技术的普及使得信息的传播不再受地域和时间的限制,也使得信息的互动性得以实现;移动通信技术的迅猛发展则为新兴媒体提供了更加广泛的传播平台。新兴媒体具有许多与传统媒体不同的特点。首先,新兴媒体以数字化技术为基础,实现了信息的快速传播和广泛覆盖。其次,新兴媒体借助互联网技术,实现了信息的网络化传播,人们可以通过电脑、手机等设备随时随地接收和传播信息。新兴媒体的出现也对社会产生了深远的影响。一方面,新兴媒体为人们提供了更加便捷的信息获取渠道,使得人们能够更加快速地了解社会动态和热点事件;另一方面,新兴媒体也为人们提供了更加多样化的社交方式,促进了人与人之间的交流和互动。同时,新兴媒体也对传统媒体产生了巨大的冲击,传统媒体需要不断创新和发展,适应新兴媒体的传播方式和市场需求,才能在激烈的市场竞争中立于不败之地。

在未来的发展中,新兴媒体将继续借助技术创新和融合发展拓展市场。首先,技术创新将推动新兴媒体的不断发展。随着人工智能、大数据、云计算等技术的不断应用和创新发展,新兴媒体将不断涌现出新的形态和功能。例如,虚拟现实技术将为人们提供更加沉浸式的体验,增强现实技术将实现更加真实的场景构建等,这些技术创新将为新兴媒体带来更多的可能性,也将进一步推动数字经济的快速发展。其次,融合发展将为新兴媒体拓展更多市场机会。传统媒体与新兴媒体的融合发展将成为未来传媒行业的重要趋势之一。这种融合将实现优势互补,拓展市场空间,并带来更多的机遇和挑战。例如,传统媒体可以利用新兴媒体的传播方式和社交功能拓展市场,提高信息传播的效率和影响力;新兴媒体则可以利用传统媒体的权威性和专业性,提升自身品质,这种融合发展将为市场带来更多的活力和创新,也将进一步推动传媒行业的快速发展。同时,随着监管政策的不断完善和规范,新兴媒体的健康发展也将迎来更多的机遇和挑战。政府将加大对新兴媒体的监管力度,确保信息的真实性和安全性,并推动新兴媒体的健康发展,鼓励创新和发展,为市场提供更加公平、公正的竞争环境。同时,随着数字经济的快速发展,相关监管政策也将不断完善和规范,为新兴媒体的发展提供更加良好的环境和保障。

## 二、新兴媒体的传播特点

### (一)数字化传播

数字化传播是新兴媒体与传统媒体的最大区别,也是其最显著的特点之一。数字化传播是指利用数字技术将信息转化为二进制代码,通过互联网、移动通信等数字媒介进行传输,最终以数字形式呈现给受众的一种传播方式。与传统媒体相比,新兴媒体的数字化传播具有许多优势。首先,数字化传播极大地增强了信息传播的效率。在传统媒体中,信息的制作和传播需要经过多个环节,如采访、编辑、排版、印刷、发行等,不仅耗时较长,而且容易出错。而数字化传播则可以直接将信息录入计算机,通过数字媒介进行传输,避免了传统媒体中烦琐的环节,大大提高了信息传播的效率。同时,数字化传播也保证了信息的准确性,减少了人为错误的可能性。其次,数字化传播具有广泛的覆盖范围。传统的信息传播方式往往受到地域和时间的限制,而数字化传播则可以通过互联网和移动通信等数字媒介实现全球范围内的信息共享。无论人们身处何地,只要有互联网或移动通信设备,就可以随时随地接收和传播信息。这使得新兴媒体在信息传播领域具有很大的优势,能够满足不同地区、不同时段的受众需求。此外,数字化传播还具有互动性和个性化等特点。同时,数字化传播也使得信息能够根据受众的需求进行个性化定制。通过大数据和人工智能等技术,媒体可以根据用户的兴趣、偏好等信息,为其推送定制化的内容和服务,从而更好地满足用户的需求。另外,数字化传播还具有可追溯性等特点。传统的信息传播方式往往难以追溯信息的来源和传播路径,而数字化传播则可以通过数字技术实现信息的可追溯性。这种可追溯性不仅有助于保障信息的真实性和可信度,还有助于打击虚假信息的传播和维护网络空间的秩序。同时,数字化传播还具有多媒体融合的特点。

### (二)网络化传播

网络化传播成为新兴媒体最显著的特点之一,它打破了传统媒体的信息传播方式和限制,使得信息可以自由流通和共享。首先,网络化传播使得信息传播更加广泛和迅速。互联网作为一个开放的平台,任何人都可以通过网络发布信息,也可以通过网络接收和传播信息。这种开放性使得信息传播不再受到地域和时间的限制,全球范围内的信息能够实现实时共享。在网络化的传播方式下,信息的传播速度大大加快,人们可以迅速地获取和分享各类信息,这极大地增强了信息传播的效率,扩大了覆盖范围。其次,网络化传播具有互动性。在传统媒体中,信息传播往往是单向的,受众只能被动地接收信息。而网络化传播则可以实现信息的双向传播,受众可以参与到信息的生成和传播过程中。例如,在社交媒体上,人们可以通过评论、转发、点赞等方式参与到信息的传播过程中,使得信息传播更加精准、有效。这种互动性不仅增强了信息的传播效果,还促进了人与人之间的交流和互动,使得信息传播更加丰富和多元化。此外,网络化传播还具有快速性和即时性。互联网平台可以实现信息的实时更新和动态传递,使得信息传播更加及时、准确。与传统的印刷、电视等媒体相比,网络化传播不受制于物理印刷、物流配送等环节的限制,可以迅速地传递各类最新的信息和动态。这种快速性和即时性使得新兴媒体在信息传播领域具有很大的优势,能够满足现代人对信息快速获取的需求。另外,网络化传播还具有全球性的特点。互联网平台可以实现全球范围内的信息共享,无论人们身处何地,只要有互联网设备,就可以随时随地接收和传播信息。这种全球性的特点打破了传统媒体的地域限制,使得信息能够迅速地传播到世界的每一个角落。这种全球性的信息传播方式促进了不同国家和地区之间的交流和理解,有助于推动全球文化的交流和融合。此外,网络化传播还具有多媒体融合的特点。通过将文字、图片、音频、视频等多种媒体形式进行整合,新兴媒体可以实现多媒体内容的呈现和传播。这种多媒体融合的形式能够更好地满足受众的感官需求,提供更加丰富、多样化的内容体验。在网络化传播中,多媒体内容的融合和创新成为吸引受众的重要手段之一,各种形式的媒体内容在网络上得到了广泛的传播和推广。

然而,网络化传播也面临着一些挑战和问题。随着互联网的普及和发展,网络上的信息量越来越大,如何有效地筛选和过滤虚假信息成了一个重要的问题。同时,网络安全和隐私保护也是网络化传播需要关注的问题之一。因此,在推进网络化传播的过程中,需要加强技术研发和管理创新,确保信息传播的安全和可控性。

(三)互动性传播

在传统媒体时代,信息传播往往是单向的,受众只能被动地接收信息,无法直接与信息发布者或其他受众进行实时互动。这种传播方式使得受众的参与感和归属感相对较弱,他们只能被动地接受信息,无法对信息进行反馈或发表自己的观点。然而,随着新兴媒体平台的出现,这种传播方式得到了根本性的改变。新兴媒体平台如社交媒体、短视频等,为受众提供了与信息发布者和其他受众进行实时互动的机会。在社交媒体平台上,受众可以通过评论、转发、点赞等方式与信息发布者或其他受众进行实时互动。这种互动方式不仅可以让受众表达自己的观点和看法,还可以促进人与人之间的交流和互动。除了社交媒体平台,新兴媒体平台还提供了多种互动方式,如在线调查、在线投票等。这些互动方式可以让受众更加积极地参与到信息的传播过程中,增强他们的参与感和归属感。同时,这些互动方式也有助于信息发布者及时了解受众的需求和反馈,从而调整传播策略,实现信息的精准传播和有效反馈。此外,新兴媒体平台还为人们提供了跨越时空的交流机会。在传统媒体中,人与人之间的交流往往受到时间和空间的限制。而新兴媒体平台如社交媒体、即时通信软件等,为人们提供了跨越时空的交流机会。这种互动性传播方式使得人们可以随时随地与他人进行交流和互动,促进了人们社会交往关系的发展。

## 三、新兴媒体的影响力

### (一)对社会的影响

新兴媒体在当代社会中发挥着越来越重要的作用,它不仅改变了我们获取信息的方式,还深刻地影响了我们的社交、工作和生活方式,新兴媒体以其独特的传播方式和特点,对社会发展产生了深远的影响。首先,在传统媒体时代,人们主要通过报纸、电视和广播等渠道获取信息,这些渠道的信息传播具有滞后性和单一性,无法满足人们对实时信息的迫切需求。然而,新兴媒体的出现彻底改变了这一局面。人们可以通过互联网、手机等新媒体平台随时随地获取最新的新闻、资讯和观点,信息的传播速度得到了极大的提升。同时,新兴媒体还提供了多种信息获取方式,如搜索引擎、社交媒体、短视频等,满足了人们对不同类型信息的需求。其次,在新媒体时代,社交方式不再局限于面对面的交流,人们可以通过社交媒体、即时通信软件等新兴媒体进行远程交流和互动,这种社交方式的变革使得人们的社交圈子更加广泛,也更加多元化,人们可以通过社交媒体结识来自世界各地的朋友,了解不同文化背景下的观点和想法,促进了跨文化交流和理解。同时,新兴媒体的社交功能还为商家提供了更多的营销机会,推动了电子商务和网络经济的发展。此外,传统的教育方式往往依赖于课堂教育和书本知识,而新兴媒体的出现打破了这种模式,人们可以通过互联网获取大量的教育资源和学习资料,如在线课程、电子书、网络公开课等。这些新兴的教育方式为人们提供了更加灵活和便捷的学习途径,使得知识的传播更加广泛和高效。同时,新兴媒体也为传统文化传承提供了新的平台和机会。人们可以通过数字技术将传统文化元素进行数字化处理和再创造,使其在当代社会中得以传承和发展。

然而,新兴媒体的发展也带来了一定的挑战和问题。随着互联网的普及和应用,网络安全问题日益突出,黑客攻击、病毒传播、个人信息泄露等网络安全事件不断发生,给人们的网络安全和隐私带来了威胁。因此,加强网络安全保护和管理是保障人们网络安全和隐私的必要措施。此外,新兴媒体的快速发展也对传统产业造成了一定的冲击。随着数字化时代的到来,传统产业面临着数字化转型的压力和挑战。一些传统行业如新闻出版、广播电视等受到了数字化媒体的冲击,需要适应新的市场环境和竞争形势。

## (二) 对传统媒体的影响

第一,新兴媒体以数字化、网络化、移动化为特征,使得信息传播更加快速、广泛、互动和个性化。这种传播方式的变化导致了受众的消费习惯和行为模式的改变。人们越来越倾向于通过智能手机、平板电脑等移动设备获取信息,而不是通过传统的报纸、电视、广播等媒体。因此,传统媒体面临着来自新兴媒体的巨大竞争压力。第二,新兴媒体对传统媒体的市场地位产生了冲击。随着互联网和移动互联网的普及,新兴媒体在信息传播领域占据了越来越重要的地位。许多年轻人甚至不再订阅传统媒体,而是通过社交媒体、新闻聚合网站等新兴媒体获取信息。这导致传统媒体的市场份额逐渐减少,广告收入也相应下降。新兴媒体的崛起对传统媒体的市场地位构成了严峻的挑战。第三,新兴媒体对传统媒体的商业模式产生了影响。传统媒体的商业模式通常依赖于广告收入和订阅费用,而新兴媒体则通过互联网和移动互联网实现了免费的信息传播。这种免费的信息获取模式使得传统媒体的商业模式受到冲击,许多传统媒体开始探索新的商业模式,如付费订阅、内容付费、线上线下结合等。新兴媒体对传统媒体的商业模式创新起了推动作用。第四,新兴媒体对传统媒体的内容制作也产生了影响。新兴媒体的内容制作更加注重个性化和互动性,通过大数据分析、人工智能等技术手段实现内容的精准推送和个性化定制。这种内容制作方式对传统媒体的内容制作提出了更高的要求,传统媒体需要不断创新和改进内容制作方式,以满足受众的需求。第五,新兴媒体还对传统媒体的版权保护提出了挑战。互联网的开放性使得信息传播变得更加容易,但也导致了侵权盗版现象的频发。传统媒体的版权保护面临着来自新兴媒体的巨大挑战,需要加强技术手段和法律制度的完善来维护自身权益。

然而,新兴媒体对传统媒体的影响并非全然负面。事实上,新兴媒体与传统媒体之间也可以形成互补和合作的关系。例如,传统媒体可以利用新兴媒体的数字化、网络化、移动化等特点,拓展自身的传播渠道和受众范围。同时,新兴媒体也可以借鉴传统媒体的专业制作能力和内容质量,提升自身的信息传播质量。因此,传统媒体需要在应对新兴媒体的竞争压力的同时,积极探索与新兴媒体的融合发展之路,实现自身的转型升级。

### (三) 对文化的影响

新兴媒体对文化的影响是深远而多元的,它不仅改变了传统文化的形态和传播方式,还为人们提供了更加多样化、个性化的文化体验。新兴媒体是指基于新的技术手段和传播方式,出现的新型媒体形态,如移动互联网、社交媒体、虚拟现实、增强现实等。这些新兴媒体形态具有数字化、交互性、个性化等特点,使得信息的传播更加高效、便捷和多元化。第一,新兴媒体对文化传播方式产生了深刻变革。传统的文化传播方式往往局限于特定的场所和时间,如电影院、剧院、博物馆等,而新兴媒体则打破了这些限制,使得文化传播更加灵活和广泛。人们可以通过互联网和移动互联网随时随地欣赏电影、音乐、文学作品等,还可以通过在线直播、短视频等方式实时参与文化活动。这种数字化和网络化的传播方式使得文化信息更加快速、便捷的传播,扩大了文化的受众范围。第二,新兴媒体为文化创作提供了更多的可能性。传统的文化创作往往受到技术、资金和传播渠道等因素的限制,而新兴媒体技术的发展为文化创作带来了更多的可能性。创作者可以利用各种数字技术和新媒体平台进行创作,如数字音频工作站、数字摄影摄像设备、虚拟现实技术等,还可以通过社交媒体、在线视频平台等将作品推向更广泛的受众。这使得更多的人能够参与到文化创作中来,为文化的发展注入新的活力。第三,新兴媒体对文化消费习惯产生了影响。随着新兴媒体的普及,人们越来越倾向于在数字媒体上消费文化产品。例如,越来越多的人选择在线观看电影、电视剧和综艺节目,通过数字音乐平台收听音乐,在电子书平台上阅读书籍等。这种文化消费习惯的变化不仅改变了传统媒体产业的发展模式,还催生了一系列新兴的文化业态,如网络剧、网络综艺、数字音乐等。第四,新兴媒体促进了跨文化交流与互动。互联网的普及使得来自不同国家和地区的人们可以方便地进行跨文化交流与互动。人们可以通过社交媒体、网络论坛、视频分享网站等平台了解不同国家和地区的文化,还可以通过在线交流、跨国合作等方式与来自不同文化背景的人进行互动。这种跨文化交流与互动不仅有助于增进人们对不同文化的了解和认知,还有助于推动文化的多样性和创新发展。然而,新兴媒体对文化的影响并非全然积极。随着新兴媒体的普及,一些负面现象也逐渐浮现出来。例如,网络盗版和侵权行为对版权保护构成威胁;一些低质量、商业化的文化产品充斥市场;网络虚假信息和恶俗炒作等问题。这些问题不仅损害了创作者的权益,也影响了文化的健康发展。因此,需要加强对新兴媒体的监管和管理,保护版权和文化产业的合法权益。

## 四、新兴媒体与传统媒体的对比与融合

### (一)传播方式的不同

随着信息技术的迅猛发展和媒体形态的多样化,新兴媒体与传统媒体在传播方式上呈现出明显的差异。这些差异不仅反映了技术进步对信息传播方式的深刻影响,也揭示了受众接收习惯和社会信息传播模式的变革。首先,新兴媒体在传播方式上具有很强的互动性和参与性。与传统媒体的单向传播不同,新兴媒体允许受众在信息传播过程中积极参与和反馈。用户可以通过评论、点赞、转发等方式表达自己的观点和态度,参与到信息的交流和讨论中。这种互动性的传播方式使得信息传递更加双向和平等,有助于增强受众的归属感和参与感。

同时,新兴媒体的传播方式更加个性化。借助大数据和算法技术,新兴媒体能够根据用户的兴趣、需求和行为偏好,提供个性化的内容推荐和服务。这种个性化的传播方式不仅满足了不同受众的需求,还增强了信息传播的精准

度和有效性。另外,新兴媒体的传播方式还具有较强的实时性和动态性。借助互联网和移动通信技术,新兴媒体能够实现信息的实时更新和传递。这种实时性的传播方式使得信息传递更加快速和及时,满足了社会对信息时效性的需求。相比之下,传统媒体的传播方式较为单一和固定。它们通常采用线性传播的方式,即按照预设的时间和频道安排信息传递。这种传播方式的信息传递方向较为固定,缺乏互动性和个性化。受众在信息接收过程中通常处于被动地位,难以根据自身需求定制化地获取信息。此外,新兴媒体的传播方式还具有高度多元化的特点。它们能够融合文字、图片、音频、视频等多种媒体形式,以更加生动形象的方式呈现信息。这种多元化的传播方式能够更好地吸引受众的注意力,增强用户体验。

## (二)内容创作的差异

随着科技的迅速发展和媒体形态的多样化,新兴媒体与传统媒体在内容创作上展现出了显著差异。这些差异不仅反映了技术进步对信息传播方式的影响,也揭示了受众需求和社会环境的变迁。新兴媒体的内容创作主体更加多样,包括博客作者、社交媒体用户、专业机构等。这种多元化的创作主体带来了内容形态的多样性,包括文字、图片、音频、视频等。而传统媒体的内容创作主要由专业的记者和编辑完成,他们经过系统的新闻培训,具备筛选和核实信息的能力。新兴媒体的内容生产流程更加灵活,可以实时更新,甚至允许用户生成内容(UGC)。这种快速响应的内容生产流程使得新兴媒体在时效性上具有显著优势。与之相比,传统媒体的内容生产流程通常较为固定,包括采访、写作、编辑、审核等环节,以确保信息的准确性和客观性。传统媒体的内容呈现方式通常比较单一,例如报纸、电视新闻等。而新兴媒体的内容呈现方式更加多样化,例如直播、短视频、互动式图表等。这种创新的内容呈现方式能够更好地吸引受众的注意力,增强用户体验。新兴媒体的受众参与度和互动性得到了显著提升。这种互动性和参与度的增强使得信息传播更加民主化,也增强了受众的归属感和参与感。而传统媒体的受众通常只是被动地接受信息。通过数据分析和技术手段,新兴媒体可以准确地把握受众的喜好和需求,为其提供定制化的内容和服务。这种个性化与定制化的服务模式使得信息传播更加精准和有效,满足了不同受众的需求。而传统媒体的内容往往是面向大众的,缺乏个性化定制的能力。

## （三）受众群体的变化

随着新兴媒体的崛起和传统媒体的逐渐演变,受众群体的特点也在发生深刻的变化。新兴媒体和传统媒体在受众群体方面存在明显的差异,这些差异不仅反映了不同媒体形态对受众的吸引力和影响,也揭示了社会结构和信息消费模式的变革。首先,新兴媒体的受众群体更加年轻化和个性化。新兴媒体的内容和形式更加多样,能够满足不同年龄段和群体的需求,因此吸引了大量年轻人的关注。年轻人通常更倾向使用社交媒体、短视频平台、直播等新兴媒体形式,以获取信息、交流互动和表达自我。同时,新兴媒体的受众群体也更加注重个性化和定制化的内容服务,倾向于根据自己的兴趣和需求定制化地获取信息。相比之下,传统媒体的受众群体则相对更加成熟和稳定。传统媒体如电视、广播、报纸等在长期的发展过程中积累了丰富的经验和资源,具有较高的公信力和权威性,因此仍然吸引着一部分稳定的受众群体。这部分受众群体通常更注重信息的准确性和可靠性,倾向于选择传统媒体来获取新闻和信息。其次,新兴媒体的受众群体在信息消费习惯上也存在显著差异。新兴媒体的传播方式和内容形式更加灵活多样,使得受众在信息消费上更加碎片化和即时化。人们通过手机、平板等便携式设备在任何时间、任何地点都可以获取信息,这种即时的信息消费习惯使得受众更加注重信息的时效性和动态性。而传统媒体的受众群体则通常更加注重信息的深度和广度。他们通过报纸、电视新闻等传统媒体形式获取信息时,更注重信息的全面性和深入性。传统媒体通常会花费更多的时间和篇幅对新闻事件进行深入报道和分析,以满足受众对信息深度的需求。此外,新兴媒体的受众群体在信息互动和参与方面也表现出更高的热情。新兴媒体平台为受众提供了评论、点赞、转发等互动方式,使得受众可以更加积极地参与到信息的交流和讨论中。这种互动性的传播方式不仅满足了受众的参与需求,还进一步推动了信息的传播和扩散。相比之下,传统媒体的受众群体在信息互动方面则相对较少。传统媒体的信息传递方式较为单向,缺乏与受众之间的互动机制。虽然一些传统媒体也开始尝试引入互动元素,但整体而言,与新兴媒体相比还存在一定差距。

## （四）传统媒体与新兴媒体的互动与融合

随着信息技术的发展和媒体形态的多样化,传统媒体与新兴媒体之间的互动与融合已经成为不可避免的趋势。这种融合不仅是技术进步的必然结果，也是满足受众多元化信息需求的重要手段。传统媒体与新兴媒体在互动与融合的过程中，相互借鉴、取长补短，共同推动媒体行业的发展和社会信息传播的进步。首先，传统媒体与新兴媒体在内容创作上存在巨大的互补性。传统媒体在长期的发展过程中积累了丰富的采编经验和新闻人才，具备严格的新闻筛选和核实机制，能够为受众提供真实、权威的信息内容。而新兴媒体则更加注重内容的多样性和个性化，能够根据受众的兴趣和需求提供定制化的内容服务。通过互动与融合，传统媒体可以借助新兴媒体的平台和渠道优势，扩大自身内容的影响力和覆盖面；而新兴媒体则可以借鉴传统媒体的内容创作标准和专业经验，增强自身内容的品质和可信度。其次，传统媒体与新兴媒体在传播方式上也存在显著的互补性。传统媒体的传播方式通常较为单一和固定，信息传递方向较为固定，缺乏互动性和个性化。而新兴媒体的传播方式则更加灵活和多样化，具有高度的互动性和个性化，能够更好地满足当今社会对信息传播的需求。通过互动与融合，传统媒体可以利用新兴媒体的实时性和动态性特点，实现信息的快速更新和传递；而新兴媒体则可以借鉴传统媒体的公信力和权威性，增强自身信息的可信度和影响力。此外，传统媒体与新兴媒体在广告业务方面也存在巨大的互补性。传统媒体的广告业务通常以电视、广播、报纸等媒体形式为主，具有较高的品牌知名度和受众认可度。而新兴媒体的广告业务则更加注重精准定位和个性化推送，能够根据用户的行为偏好和兴趣定制化地推送广告内容。通过互动与融合，传统媒体可以利用新兴媒体的广告技术增强广告的精准度和效果；而新兴媒体则可以借助传统媒体的广告资源扩大自身的市场份额和影响力。

在互动与融合的过程中，传统媒体与新兴媒体也面临着一些挑战和问题。一方面，传统媒体需要适应新兴媒体的传播方式和受众需求，创新内容和形式，增强信息的时效性和互动性。另一方面，新兴媒体也需要加强自身的专业素养和内容质量，培养优秀的采编人才，增强信息的真实性和权威性。此外，还需要加强行业监管和规范，防止虚假信息和不良内容的传播，维护媒体行业的健康发展和社会的公共利益。为了更好地实现传统媒体与新兴媒体的互动与融合，需要采取一系列措施。首先，加强内容创新和人才培养。传统媒体和新兴媒体都需要注重内容创新和人才培养，增强自身的专业素养和创新能力。其次，加强技术研发和应用。利用先进的技术手段推动媒体行业的数字化、智能化和个性化发展。最后,建立健全行业监管和规范体系。

## 五、新兴媒体的商业模式与创新

### (一)广告投放与营销策略

随着科技的飞速发展和信息时代的到来,新兴媒体已经逐渐成为广告投放的主流渠道。与传统媒体相比,新兴媒体在广告投放方面展现出了一系列引人注目的创新。其中,精准定位和互动性是新兴媒体广告投放的两个核心创新点,它们为广告主提供了更加高效和精准的营销方式,也增强了受众的参与度和广告效果。在数字化时代,大数据和人工智能技术的快速发展为广告主提供了更加精准的用户定位工具。通过对海量数据的挖掘和分析,广告主可以深入了解用户的需求、兴趣和行为偏好,从而将广告精准地投放到目标受众中。这种精准定位的方式不仅增强了广告的转化率和效果,还降低了营销成本,为广告行业的创新发展开辟了新的道路。具体来说,广告主可以通过分析用户的历史搜索记录、浏览记录和购买行为等数据,判断用户的兴趣和需求,从而推送相关的广告内容。这种个性化推送的方式能够增强用户对广告的接受度和信任度,从而提升品牌形象和市场竞争力。例如,电商平台可以根据用户的购物记录和浏览历史,向用户推荐相关产品或优惠活动;搜索引擎可以根据用户的搜索关键词,推送相关的广告链接或扩展搜索结果。精准定位的实现也需要借助一些先进的技术手段。例如,大数据技术可以对海量数据进行实时分析和处理,提取出有用的用户信息和市场趋势;人工智能技术可以通过机器学习和深度学习算法,进一步增强用户定位的精度和效率。这些技术的应用不仅增强了广告投放的精准度,还为广告主提供了更加智能化的营销工具和服务。

与传统媒体相比,新兴媒体的广告形式更加多样,具有高度的互动性。通过在广告中添加互动元素,如点击链接跳转到相关页面、观看视频广告参与点赞、评论等互动环节,可以增强受众的参与度和记忆度,增强广告的传播效果。这种互动性的广告形式能够使用户更加深入地参与到广告内容中,增强用户对品牌的认知度和好感度。例如,社交媒体平台上的广告可以设置互动式问答、投票等环节,吸引用户参与并分享给好友,扩大广告的传播范围。这种社交化的广告形式能够充分利用用户的社交关系链,通过分享、转发等方式实现广告的快速传播和口碑效应。同时,这种互动式的广告形式还能够使用户更加主动地参与到品牌活动中,增强用户的忠诚度和参与度。此外,一些新兴媒体平台还提供了数据分析工具,帮助广告主更好地了解受众需求和市场趋势。通过数据分析,广告主可以更加精准地定位目标受众和市场机会,制定更加有效的营销策略和广告投放计划。同时,数据分析还可以帮助广告主优化广告内容和形式,增强广告的点击率、转化率和效果评估。

社交媒体作为新兴媒体的重要组成部分,已经成为广告投放的重要平台。社交媒体平台拥有庞大的用户基数和关系链资源,为广告主提供了广阔的营销空间和传播渠道。同时,社交媒体用户还具有较高的活跃度和黏性,为广告主提供了更加精准的目标受众和营销机会。在社交媒体平台上投放广告,可以利用用户的社交关系链进行传播。通过分享、转发等方式,广告内容可以迅速传播到更多的潜在用户中。同时,社交媒体平台还提供了丰富的数据分析工具和定向投放功能,帮助广告主更加精准地定位目标受众和市场机会。通过数据分析,广告主可以深入了解用户需求和市场趋势,制定更加有效的营销策略和广告投放计划。同时,定向投放功能还可以根据用户兴趣、地理位置等因素进行精准匹配和投放优化。此外,社交媒体平台还提供了丰富的互动功能和创意元素。通过在广告中添加互动元素和创意内容,可以增强受众的参与度和记忆度,增强广告的传播效果。例如,社交媒体平台上的视频广告可以添加点赞、评论等互动环节;图片广告可以添加滤镜、贴纸等创意元素;问答式广告可以吸引用户参与并分享给好友。

## (二)电子商务与在线支付

在信息技术的驱动下,全球正在经历一场商业模式的革命。这场革命的核心是新兴媒体,它们通过创新的技术手段,打破了传统商业模式的束缚,推动了商业活动的数字化、网络化和智能化。电子商务,简称电商,是指利用互联网、移动设备等新兴媒体进行商业活动的一种模式。它改变了传统商业模式中消费者与商家之间的交易方式,使得商业活动不再受地域、时间等限制,实现了全天候、全球化的商业运营。在电商模式中,商家通过建立线上店铺,向消费者展示商品信息、价格等,并提供线上交易服务。消费者则可以通过电商平台浏览商品、比较价格、下单购买等。这种交易方式不仅为消费者提供了更加便捷、丰富的购物体验,也为商家拓展了销售渠道,增强了销售效率。同时,电商模式还催生了一系列新的商业形态和产业链。例如,跨境电商利用电商平台实现了不同国家之间的商品交易;社交电商通过社交媒体等渠道为电商提供了更多的流量和用户;电商物流则通过智能化的物流管理为电商提供了高效、准确的配送服务。这些新的商业形态和产业链的形成,进一步推动了电商模式的发展和创新。

随着电子商务的快速发展,在线支付作为电商交易的重要环节,也迎来了爆发式的增长。在线支付是指通过互联网、移动设备等新兴媒体进行支付活动的一种模式。它改变了传统支付方式中现金、支票等实体支付工具的使用方式,实现了支付的电子化、网络化和智能化。在在线支付模式中,消费者可以通过支付平台或银行提供的在线支付工具进行支付操作。这些支付工具通常包括信用卡、借记卡、电子钱包等。消费者在选择支付方式后,可以通过输入卡号、密码等信息完成支付过程。同时,为了确保支付的安全性,许多在线支付工具还提供了多重验证机制和安全防护手段,如短信验证、生物识别等。在线支付模式的发展不仅为消费者提供了更加便捷、安全的支付体验,也为商家提供了更加高效、准确的付款方式。同时,它还推动了金融行业的创新和发展。例如,移动支付通过智能手机等设备实现了随时随地的支付功能;虚拟货币通过区块链等技术为在线支付提供了更加安全、透明的交易环境;智能合约则通过自动化执行合同条款为在线支付提供了更加智能、高效的交易方式。这些创新和发展进一步丰富了在线支付的内涵和应用场景。

电子商务和在线支付作为新兴媒体商业模式的代表,正在不断融合和创新。一方面,电商平台通过引入在线支付工具,为消费者提供更加便捷、安全的购物体验;另一方面,支付平台也通过与电商平台的合作,拓展了自己的应用场景和用户群体。这种融合不仅增强了电商交易的效率和安全性,也推动了电商和支付行业的共同发展。同时,随着人工智能、大数据等技术的不断发展,电子商务和在线支付也在不断创新和升级。例如,智能推荐系统通过分析用户的购物历史和浏览行为等数据,为用户提供个性化的商品推荐服务;智能客服系统则通过自然语言处理等技术为用户提供智能化的咨询和售后服务;风险控制系统则通过大数据分析等技术为电商平台和支付平台提供更加精准的风险识别和防范能力。这些创新和应用不仅增强了电商和支付的效率和用户体验,也为电商和支付行业的未来发展提供了新的动力和方向。

电子商务和在线支付作为新兴媒体商业模式的代表,正在改变着我们的生活方式和商业生态。它们通过创新的技术手段和商业模式,为消费者提供了更加便捷、安全的购物和支付体验,为商家拓展了销售渠道和收款方式,也推动了金融行业的创新和发展。随着技术的不断进步和市场需求的不断变化,电子商务和在线支付的未来前景将更加广阔。

## (三)数据驱动的业务模式

随着信息技术的不断发展和普及,数据已经成为当今商业领域中最重要的资产之一。新兴媒体作为信息技术的重要组成部分,其商业模式与创新也正朝着数据驱动的方向发展。数据驱动的商业模式是指通过收集、分析和利用大量数据来指导商业决策和创新的一种方式。这种模式将数据作为核心资源,通过挖掘数据中的潜在价值和洞见,为商业活动提供更加精准、智能和高效的决策支持。数据驱动的商业模式的核心在于对数据的获取、处理和分析。通过收集大量的用户数据、业务数据和市场数据,企业可以深入了解用户需求、市场趋势和业务运营情况,从而制定更加精准的商业策略。例如,电商平台可以通过分析用户的购物记录和浏览行为,为用户推荐更加符合其需求的商品和服务。数据驱动的商业模式还强调数据的应用和转化。企业不仅需要收集和分析数据,还需要将数据转化为实际的业务行动和决策。例如,通过分析用户反馈和行为数据,企业可以及时发现产品或服务的不足之处,从而进行改进和优化;通过分析市场数据,企业可以制定更加精准的市场营销策略,增强销售效果和用户满意度。

新兴媒体的数据驱动商业模式不仅改变了传统媒体的运作方式,也为其他行业带来了新的机遇和挑战。首先,通过收集和分析用户的兴趣、需求和行为偏好,新兴媒体平台可以为用户提供更加个性化和定制化的内容和服务。例如,智能音箱可以根据用户的喜好和习惯为其推荐音乐、有声读物等,在线教育平台可以根据学生的学习情况和进度为其提供个性化的学习资源和辅导。其次,新兴媒体平台可以利用大数据和人工智能技术,对用户进行精准的定位和细分,从而实现广告的精准投放。这种精准化的广告投放方式可以增强广告效果和转化率,降低营销成本,同时提高用户体验和忠诚度。此外,新兴媒体平台可以通过分析用户数据和市场趋势,不断优化和改进产品与服务。例如,智能家居设备可以根据用户的居住习惯和需求为其提供更加智能和便捷的生活体验;智能语音助手可以根据用户的语音输入为其提供更加智能和高效的语音交互服务。另外,新兴媒体平台可以利用大数据技术对业务运营数据进行实时监控和分析,从而制定更加科学、准确的业务决策。例如,在线零售平台可以通过分析销售数据和市场趋势,制定更加精准的库存管理和采购策略;新闻媒体可以通过分析用户阅读习惯和反馈数据,优化新闻报道的内容和质量。

（四）创新驱动的新兴媒体发展

新兴媒体,作为一种依托于数字技术和网络平台的媒体形态,已经深入我们生活的方方面面。它们以其独特的传播方式和商业模式,重塑了信息传播的格局,推动了社会的信息化和数字化进程。而在这个过程中,创新始终是新兴媒体发展的核心驱动力。新兴媒体的商业模式,从本质上来说,是一种创新的商业模式。这种模式打破了传统媒体的局限,利用数字技术和网络平台,实现了信息的高效、快速、广泛的传播。同时,新兴媒体也通过创新的商业模式,实现了商业价值和社会价值的双重提升。例如,社交媒体平台的出现,改变了人们获取和分享信息的方式。用户可以在平台上发布自己的动态,与朋友互动,参与话题讨论等,这不仅增强了信息的传播效率,也增强了用户的参与感和黏性。同时,社交媒体平台通过精准的广告投放、数据分析等方式,实现了商业价值的转化。又如,短视频平台的出现,为用户提供了全新的内容消费方式。用户可以在平台上观看短视频,发表评论,参与挑战等,这不仅丰富了用户的娱乐生活,也增强了平台的影响力和用户黏性。同时,短视频平台通过广告植入、内容付费等方式,实现了商业价值的转化。

创新是新兴媒体发展的核心驱动力。无论是技术、内容上的创新还是商业模式上的创新,都为新兴媒体的发展提供了源源不断的动力。首先,技术创新是新兴媒体发展的重要驱动力。随着数字技术和网络技术的不断发展,新兴媒体的传播方式和商业模式也在不断创新。例如,随着虚拟现实（VR）、增强现实（AR）等技术的成熟,沉浸式的媒体内容成为可能,为媒体行业带来了新的发展机遇。其次,内容创新也是新兴媒体发展的重要驱动力。新兴媒体的内容形式多样,包括文字、图片、音频、视频等,这为用户提供了更加丰富和多元化的内容选择。同时,新兴媒体的内容也更加注重个性化和定制化,以满足用户的个性化需求。这种内容创新不仅增强了用户的黏性和参与度,也增强了媒体的商业价值。此外,商业模式创新也是新兴媒体发展的重要驱动力。

新兴媒体的商业模式与传统媒体不同,更加注重用户价值和商业价值的双重提升。例如,许多新兴媒体平台采用"免费+付费"的模式,通过提供免费的内容和服务吸引用户,然后通过广告、付费内容等方式实现商业价值的转化。这种商业模式不仅增强了用户的满意度和忠诚度,也实现了商业价值的可持续增长。

## 六、新兴媒体的应用

### (一)新兴媒体在教育领域的应用

数字化教育资源的开发与利用已经成为当今教育领域的一大趋势,通过在线课程、数字图书馆、互动学习平台等新兴媒体形式,学生可以更加便捷地获取丰富的教育资源,增强学习效果。与传统教材相比,数字化教育资源具有更强的灵活性和可定制性,能够满足不同学生的个性化需求。此外,数字化教育资源还有助于实现教育公平,让更多地区、不同背景的学生都能享受到优质的教育资源。无论是身处城市还是农村,只要有互联网连接,学生都可以通过新兴媒体平台接触到世界一流的教育资源。这在一定程度上缩小了教育资源的城乡差距,让更多人有机会接受高质量的教育。其次,在线教育的普及也是新兴媒体在教育领域的一大应用。传统的教学模式往往局限于课堂内,而在线教育则打破了这一限制,使得学习更加灵活、个性化。学生可以在任何时间、任何地点进行学习,不受时空限制。此外,在线教育还为学生提供了更多元化的学习方式。除了传统的面授课程,学生还可以通过MOOCs(大规模开放在线课程)、微课程等方式进行学习。这些新兴媒体形式的学习方式满足了不同学生的学习需求,使他们可以根据自己的兴趣和时间安排进行自主学习。在线教育不仅方便了学生,还为教育者提供了更多元化的教学途径。通过在线课程的设计和开发,教育者可以与学生进行实时互动,了解学生的学习情况,并据此调整教学策略。同时,在线教育还为教育者提供了大量的教育数据,通过分析这些数据,教育者可以更好地理解学生的学习需求和习惯,进一步增强教学效果。

除了数字化教育资源和在线教育的应用,新兴媒体在教育信息化方面也发挥着重要作用。随着云计算、大数据等技术的不断发展,教育信息化已经成为推动教育发展的重要力量。通过云计算技术,可以实现教育资源的共享和协同使用,增强资源利用效率。同时,大数据技术的应用也为教育信息化提供了强大的支持。通过对教育数据的采集、分析和反馈,可以更加科学地评估教学质量和学习效果。这不仅有助于增强学生的学习成绩和满意度,还有助于优化教学策略和增强教育管理效率。新兴媒体在教育领域的应用还体现在构建智慧校园方面。智慧校园是指通过物联网、移动互联网等技术手段,将校园的各个系统进行整合和优化,实现校园管理和服务的智能化和高效化。通过新兴媒体技术手段的应用,可以为学生提供更加便捷、高效的学习和生活服务。例如,智慧校园可以实现校园一卡通、智能考勤、智能图书馆等功能,为学生提供更加智能化的学习和生活体验。同时,智慧校园还有助于提升学校的管理效率和服务水平,增强学校的整体竞争力。然而,新兴媒体在教育领域的应用也面临着一些挑战和问题。一方面,一些地区和学校可能缺乏足够的技术支持和资金投入,难以充分利用新兴媒体技术手段;另一方面,新兴媒体技术的应用也需要教育者和学习者具备一定的技术素养和应用能力。因此,为了更好地发挥新兴媒体在教育领域的应用效果,需要加强技术培训和应用指导,增强教育者和学习者的技术素养和应用能力;同时,还需要加强技术支持和资金投入,推动新兴媒体技术在教育领域的广泛应用和深入发展。

## (二)新兴媒体在公益领域的应用

新兴媒体为公益活动的宣传与推广提供了更加广阔的平台。在传统媒体时代,公益活动的宣传主要依靠报纸、电视、广播等渠道,宣传范围有限,难以覆盖更广泛的人群。而现在,通过社交媒体、网络广告等方式,公益组织可以迅速扩大活动影响力,吸引更多人关注和参与。社交媒体平台如微博、微信等拥有庞大的用户基数,通过这些平台发布公益活动信息,能够迅速传播到各个角落,触达更多潜在的参与者。同时,新兴媒体还使得公益活动的宣传更加精准,能够针对目标人群进行有效的推广。通过数据分析和技术手段,公益组织可以更加准确地了解目标受众的兴趣和需求,制定更加有针对性的宣传策略,强化宣传效果。其次,新兴媒体促进了公益组织的信息化建设。传统的公益组织运作通常依靠人工管理,效率较低,而且容易出错。而现在,通过云计算、大数据等技术手段,公益组织可以更加高效地管理志愿者、捐赠物品等信息,增强组织运作效率。云计算技术可以为公益组织提供强大的数据存储和处理能力,确保数据的安全性和可靠性。大数据技术则可以对海量数据进行深入分析和挖掘,为公益组织提供科学的数据支持,帮助其更好地了解受众需求和市场变化。此外,新兴媒体还有助于加强公益组织之间的信息共享与合作,共同推动公益事业的发展。通过信息共享和资源整合,各个公益组织可以发挥各自的优势,形成合力,共同解决社会问题。这不仅可以增强公益活动的效率和影响力,还可以促进公益组织之间的交流与合作,推动整个公益行业的健康发展。

另外,新兴媒体还为公众参与公益提供了更多元化的途径。除了传统的捐赠方式,公众还可以通过在线志愿者招募平台参与公益活动、关注弱势群体的需求并提供帮助。这种创新的参与方式让更多人有机会参与到公益事业中来,形成人人公益的良好氛围。在线志愿者招募平台为公众提供了一个便捷的途径来参与公益活动。无论身处何地,只要有网络连接,人们都可以随时报名参加志愿者活动,为社会贡献自己的力量。这种参与方式不仅降低了参与门槛,还让更多人有机会体验到公益活动的意义和价值。除了直接参与,公众还可以通过关注弱势群体的需求并提供帮助来参与公益活动。新兴媒体平台为人们提供了一个发声的机会,让更多人了解到弱势群体的困境和需求。通过社交媒体、网络论坛等渠道,人们可以了解到各种社会问题,并采取行动来帮助解决这些问题。这种关注和参与的方式不仅可以帮助弱势群体获得更多的支持和帮助,还可以促进社会的公平和进步。

新兴媒体在公益领域的应用还具有许多潜在的优势和价值。首先,新兴媒体可以帮助增强公益活动的透明度和可信度。通过在线平台发布活动信息、在线捐赠等方式,人们可以更加方便地了解公益活动的进展和效果,增强对活动的信任和支持。其次,新兴媒体可以帮助扩大公益活动的影响力和覆盖范围。新兴媒体的传播速度快、覆盖范围广,能够迅速将公益活动传播给更多人,增强活动的影响力和知名度。最后,新兴媒体可以帮助优化公益资源的配置和利用效率。通过数据分析和技术手段,公益组织可以更加精准地了解受众需求和市场变化,优化资源配置和利用效率,增强公益活动的针对性和有效性。然而,新兴媒体在公益领域的应用也面临着一些挑战和问题。一方面,一些地区和群体可能缺乏接触和使用新兴媒体的渠道和机会;另一方面,新兴媒体信息传播的快速性和广泛性也可能导致虚假信息和不良影响的扩散,因此,需要在推广新兴媒体应用的同时,加强对信息内容的监管和审核,提高信息传播的质量和安全性,同时需要加强技术培训和教育引导,提高公众对新兴媒体应用的认知和素养。

### (三)新兴媒体在新闻资讯领域的应用

随着科技的飞速发展,新兴媒体在新闻资讯领域的应用越来越广泛。这种应用不仅改变了传统新闻媒体的传播方式,还为新闻资讯的生产、传播和消费提供了更多的可能性。首先,新兴媒体为新闻资讯的生产提供了更加多元化的内容来源。在传统媒体时代,新闻资讯的生产主要依靠专业的新闻机构和记者,内容来源相对有限。而现在,随着社交媒体、自媒体等新兴媒体形式的出现,新闻资讯的生产已经不再是专业机构的专利。任何人都可以通过社交媒体平台发布自己的所见所闻,成为新闻资讯的生产者。这种多元化的内容来源使得新闻资讯更加丰富多样,满足了不同用户的需求。其次,新兴媒体为新闻资讯的传播提供了更加广阔的平台。传统的新闻媒体主要依靠报纸、电视、广播等渠道传播,传播范围有限。而现在,通过互联网和移动互联网等新兴媒体平台,新闻资讯可以迅速传播到全球各地,覆盖更广泛的人群。这些新媒体平台具有信息量大、传播速度快、互动性强等特点,使得新闻资讯的传播更加高效、便捷。此外,新兴媒体还为新闻资讯的消费提供了更加个性化的服务。传统的新闻媒体往往提供统一的新闻内容,用户只能被动地接受。而现在,通过大数据分析、人工智能等技术手段,新兴媒体可以根据用户的兴趣、偏好等个性化特征,为用户推荐定制化的新闻资讯服务。这种个性化的服务方式使用户能够更加便捷地获取自己感兴趣的新闻内容,增强了新闻资讯的消费体验。同时,新兴媒体还带来了新闻资讯的社交化趋势。在新兴媒体的推动下,新闻资讯已经不再是单向的传播,而是成了一个双向互动的过程。用户可以通过社交媒体平台分享、评论、讨论新闻内容,与其他用户互动交流。这种社交化的趋势使得新闻资讯更加具有互动性和参与性,促进了用户之间的信息共享和交流。

新兴媒体在新闻资讯领域的应用还带来了许多潜在的优势和价值。首先,新兴媒体提高了新闻资讯的透明度和可信度。通过新兴媒体平台,用户可以获取到更多的信息源和不同的观点,对事件有更全面的了解。同时,新兴媒体的传播速度快、覆盖范围广等特点也有助于增加新闻资讯的可信度。其次,新兴媒体优化了新闻资讯的生产和传播流程。传统的新闻生产方式周期长、成本高,而新兴媒体的应用可以降低成本、增强效率,让新闻生产更加快速、灵活。同时,新兴媒体也为用户提供了更多的选择和个性化服务,提高了用户的满意度。最后,新兴媒体还促进了新闻资讯行业的创新和发展。新兴媒体技术的应用推动了新闻行业的变革和创新,出现了许多新的业态和商业模式。例如,新媒体平台、自媒体、社交媒体等已经成为新闻资讯的重要来源和传播渠道。这些新兴业态的出现为新闻行业的发展注入了新的活力。然而,新兴媒体在新闻资讯领域的应用也面临着一些挑战和问题。一方面,由于信息源的多元化和传播的快速性,新兴媒体也面临着虚假信息和不良信息的传播问题。这需要加强信息监管和审核机制的建设,增强信息的质量和安全性。另一方面,新兴媒体的应用也需要增强公众的信息素养和媒介素养,让用户能够正确地获取、分析和传播信息。

## (四)新兴媒体在社交领域的应用

社交媒体作为一种新兴的媒体形式,已经成为人们日常生活中不可或缺的一部分。它不仅改变了人们的交流方式,还对社交行为、社交网络和社会关系等方面产生了深远的影响。首先,新兴媒体在社交领域的应用为人们提供了更加便捷的交流互动平台。传统的社交方式往往受到时间、地域等因素的限制,而社交媒体则打破了这些限制,让人们随时随地可以进行交流互动。通过社交媒体平台,人们可以发表自己的观点、分享生活点滴、互相评论回复,形成了一个充满活力的信息交流圈子。这种即时性的互动满足了人们对于交流的需求,也让社交更加便捷高效。其次,新兴媒体在社交领域的应用为人们提供了更加丰富的社交网络。社交媒体平台上的用户可以形成各种社交网络,如朋友圈、兴趣小组、行业交流群等。这些社交网络不仅可以让人们分享自己的兴趣爱好、行业经验等,还可以让人们结识志同道合的人、拓展人际关系。社交网络的出现让人们的社交圈子更加广泛,也让信息传播更加迅速。

此外,新兴媒体在社交领域的应用还对社会关系产生了影响。社交媒体的出现使得人们可以更加便捷地建立联系,也给传统的人际关系带来了挑战。一方面,社交媒体可以让人们跨越地域、文化等障碍,建立更加广泛的人际关系;另一方面,社交媒体上的信息传播也可能导致虚假信息的传播和社会舆论的误导,对社会关系产生负面影响。因此,在社交媒体的应用中,需要注重信息的真实性和公正性,避免对社会关系造成不良影响。

新兴媒体在社交领域的应用还带来了许多潜在的优势和价值。首先,新兴媒体增强了社交的灵活性和便捷性。通过社交媒体平台,人们可以随时随地与他人进行交流互动,不受时间和地域的限制。这种灵活性和便捷性让人们的社交生活更加丰富多彩。其次,新兴媒体有助于增强人们的社交认同感和归属感。在社交媒体平台上,人们可以找到与自己兴趣爱好相同的人,形成了志同道合的社交圈子。这种认同感和归属感可以满足人们对于社交的心理需求,增强人际关系的稳定性。另外,新兴媒体还有助于推动社会进步和发展。社交媒体作为一种信息传播渠道,可以让更多人了解社会热点和问题,促进公众参与和社会进步。同时,社交媒体也为创新和创业提供了更多的机会和平台,有助于推动经济发展和社会创新。

## (五)新兴媒体在移动互联网领域的应用

随着科技的飞速发展,移动互联网应用已经深入我们生活的方方面面,成为新媒体时代的重要组成部分。从手机 APP 到移动网站,再到电子书,这些应用为用户提供了便捷的信息获取、娱乐和购物等服务,几乎成为人们日常生活中不可或缺的一部分。移动互联网应用的普及和发展,得益于智能手机的广泛普及和网络技术的不断进步。如今,人们可以随时随地通过手机连接到互联网,获取各种信息、交流沟通、购物消费等。这种便捷性使得移动互联网应用迅速占领了市场,深刻地改变了人们的生活方式和社会形态。首先,移动互联网应用为用户提供了海量的信息和内容。通过手机 APP 和移动网站,用户可以轻松地获取新闻、知识、娱乐等方面的信息。从国内外大事到生活小贴士,从热门电影到流行音乐,各种内容应有尽有,满足了用户的多样化需求。同时,这些应用还提供了个性化推荐功能,根据用户的兴趣和偏好推荐相关内容,使用户能够更加高效地获取所需信息。其次,移动互联网应用为人们提供了丰富的娱乐方式。手机游戏、短视频、直播等新型娱乐形式层出不穷,为用户带来了全新的娱乐体验。这些应用不仅满足了用户的休闲娱乐需求,也催生了一种全新的文化现象。在移动互联网平台上,用户可以创作和分享自己的作品,形成了一个充满活力的文化生态圈。此外,移动互联网应用还极大地便利了人们的购物消费。通过手机购物 APP,用户可以随时随地浏览商品、比较价格、下单购买。这种新型购物方式省去了传统购物的烦琐过程,为用户节省了时间和精力。同时,移动支付的兴起使得用户可以方便地进行线上支付,进一步增强了购物的便利性。

除了个人用户,移动互联网应用也为企业和组织提供了广阔的发展空间。企业和组织可以通过移动互联网平台进行品牌推广、产品销售、客户服务等活动。这不仅扩大了企业的市场影响力,还降低了营销成本。例如,微信公众号已经成为企业与客户进行互动的重要平台,通过推送文章、举办活动等方式增强用户黏性,增强品牌忠诚度。然而,随着移动互联网应用的普及和发展,也出现了一些问题和挑战。首先,信息安全问题日益突出。用户在移动互联网应用上分享个人信息、进行交易等活动时,容易遭到黑客攻击等行为。因此,加强信息安全保护、增强用户的安全意识成为亟待解决的问题。为了应对这些挑战和问题,需要多方共同努力。首先,政府应加大监管力度,制定相关法律法规规范移动互联网应用的发展。同时,企业应加强自律,增强信息安全管理水平和技术手段的运用能力。此外,社会各界应加大宣传教育力度,增强用户的信息素养和安全意识。只有多方共同努力,才能推动移动互联网应用的健康、可持续发展。

## (六)新兴媒体在出版领域的应用

随着科技的飞速发展和新媒体的崛起,出版业正经历着一场前所未有的变革。数字出版作为新媒体在出版领域的应用,以其独特的优势和巨大的潜力,正在重塑出版业的面貌。电子书、数字杂志、数字报纸等数字出版物已经成为人们获取信息、知识、娱乐的重要途径,与传统出版物相比,它们更具互动性、可定制性和传播灵活性。数字出版的崛起并非偶然,而是技术进步和社会需求的必然结果。在数字化时代,人们对于信息的需求呈现出多元化、即时性和碎片化的特点。传统出版物往往以纸张为媒介,印刷、发行和流通环节烦琐,成本高昂,且无法满足用户的个性化需求。而数字出版物则借助数字技术,实现了从内容制作到发行的全面数字化,不仅降低了成本,还大大增强了出版效率。数字出版物的互动性和可定制性是其一大亮点。在传统出版物中,读者往往只能被动地接受信息,而数字出版物则提供了更多的交互功能。例如,电子书不仅可以提供图文并茂的内容,还可以嵌入音频、视频等多种媒体元素,让读者更加全面地理解知识。同时,数字出版物还支持个性化的定制服务,读者可以根据自己的喜好和需求定制内容,享受到更加个性化的阅读体验。

数字出版的传播灵活性也是其独特的优势。随着移动互联网的普及,人们越来越倾向于通过手机、平板电脑等移动设备获取信息。数字出版物可以轻松地通过各种平台进行传播,满足用户在移动场景下的阅读需求。此外,数字出版物还支持实时更新和推送功能,让读者能够第一时间获取到最新的内容。然而,数字出版的发展也面临着一些挑战和问题。首先,随着数字化程度的增强,传统出版物的市场空间受到挤压,许多出版社面临着生存的压力。为了适应数字化潮流,出版社需要积极转型,探索新的商业模式和营利渠道。其次,数字出版的版权保护问题也日益突出。由于数字内容的复制和传播更加便捷,盗版行为屡禁不止,严重侵犯了作者的权益。因此,加强数字版权的保护和管理,建立完善的版权保护机制是数字出版发展的必要条件。数字出版作为新媒体在出版领域的应用,正在深刻地改变着我们的阅读习惯和信息获取方式。它具有互动性、可定制性和传播灵活性等优势,为读者带来了全新的阅读体验。

## (七)新兴媒体在电子商务领域的应用

新兴媒体在电子商务领域的应用,正以前所未有的速度改变着商业生态和消费者行为。这些应用不仅提供了便捷的购物体验,还通过数据分析和个性化推荐等技术手段,实现了精准营销和个性化服务,进一步提升了电子商务的价值。首先,新兴媒体在电子商务领域的应用为商家提供了丰富的营销手段。社交媒体、短视频、直播等新媒体平台已经成为商家进行品牌推广、产品展示和营销活动的重要场所。通过这些平台,商家可以与潜在客户建立联系,增强品牌知名度,增强用户黏性。同时,这些平台还提供了数据分析工具,帮助商家更好地了解消费者需求和市场趋势,优化营销策略。其次,新兴媒体在电子商务领域的应用为消费者带来了更加便捷的购物体验。消费者可以通过手机 APP、社交媒体等途径轻松浏览商品、比较价格、完成支付。这种新型购物方式省去了传统购物的烦琐过程,增强了购物的便利性和效率。

同时,新兴媒体还通过个性化推荐等技术手段,为消费者提供更加精准的购物建议和服务,增强了购物体验。新兴媒体在电子商务领域的应用也为企业带来了创新型的商业模式。例如,订阅式商业模式已经成为电商领域的一种新趋势。消费者可以根据自己的需求和喜好,定期购买商品或服务,享受更加个性化的消费体验。这种模式不仅满足了消费者的个性化需求,还为企业带来了稳定的收入来源和忠实客户群体。然而,新兴媒体在电子商务领域的应用也带来了一些问题和挑战。首先,信息安全问题一直是电商领域的难题,因此,电商企业需要加强信息安全保护措施,保障用户信息安全。其次,竞争激烈的市场环境也给电商企业带来了巨大压力。为了在众多竞争对手中脱颖而出,电商企业需要不断创新商业模式、增强服务质量、加强品牌建设等方面下功夫。此外,新兴媒体的应用也需要电商企业具备强大的数据分析和运营能力,以应对市场的快速变化和消费者需求的多样化。同时,电商企业还需要加强与新兴媒体的融合,利用新媒体平台进行品牌推广和营销活动,增强品牌知名度,增强用户黏性。政府和社会各界也需要为新兴媒体在电子商务领域的发展提供支持和保障。政府可以出台相关政策法规,规范电商企业的经营行为和维护市场秩序。同时,政府还可以加大对电商企业的扶持力度,提供税收优惠、资金支持等方面的政策优惠。此外,教育机构和电商平台也可以加强人才培养和技术创新等方面的合作,推动电商行业的可持续发展。

### (八)新兴媒体在金融科技领域的应用

随着科技的飞速发展,金融科技已经成为金融业的重要发展方向。新兴媒体在金融科技领域的应用,以其独特的优势和巨大的潜力,正在深刻地改变着金融生态和业务模式。从移动支付到智能投顾,从区块链到数字货币,新兴媒体在金融科技领域的应用不断创新和发展,为金融业带来了前所未有的变革。首先,移动支付已经成为新兴媒体在金融科技领域应用的重要体现。通过手机银行、第三方支付等移动支付方式,用户可以随时随地进行转账、支付和收款,极大地增强了支付的便捷性和效率。移动支付的兴起不仅改变了人们的支付习惯,还对传统银行业务模式产生了深刻的影响。银行需要积极应对移动支付的挑战,加强与移动支付平台的合作,提升服务质量,以保持市场竞争优势。其次,智能投顾是新兴媒体在金融科技领域的另一重要应用。智能投顾利用大数据、人工智能等技术手段,为用户提供个性化的投资组合建议和服务。相比传统投顾,智能投顾能够更快速地响应市场变化,提供更加精准和个性化的投资建议。智能投顾的发展不仅增强了投资服务的效率和质量,还降低了投资门槛,使得更多人能够享受到专业的投资服务。此外,区块链技术也是新兴媒体在金融科技领域的重要应用之一。区块链技术通过去中心化的特点,能够实现交易的安全、透明和可追溯。区块链技术在数字货币、供应链融资、证券发行等领域的应用已经取得了显著成果。未来,随着区块链技术的不断成熟和普及,其在金融领域的应用前景将更加广阔。

　　新兴媒体在金融科技领域的应用还表现在虚拟现实(VR)和增强现实(AR)技术的运用上。通过VR和AR技术,金融机构可以为客户提供更加沉浸式的服务体验。例如,客户可以通过VR技术参观虚拟的银行分行,了解产品和服务;通过AR技术,客户可以在家中试用新的保险产品或进行风险评估。这些技术的应用不仅增强了客户体验,还有助于增强金融机构的业务效率和客户满意度。然而,新兴媒体在金融科技领域的应用也面临着一些挑战和问题。同时,监管机构也需要加大对金融科技的监管力度,规范金融科技的发展。此外,新兴媒体在金融科技领域的应用还需要解决技术可靠性和稳定性问题。金融业是一个高度严谨和稳定的行业,任何技术故障或数据错误都可能对用户和金融机构造成重大损失。因此,金融机构需要选择可靠的技术提供商和解决方案,加强技术研发和创新投入,以确保技术的可靠性和稳定性。为了应对这些挑战和问题,金融机构需要加强与新兴媒体的融合和创新。首先,金融机构需要加强自身的技术研发和创新投入,积极探索新的业务模式和技术手段。同时,金融机构还需要加强与新兴媒体平台的合作与交流,共同推动金融科技的创新和发展。此外,金融机构还需要加大人才培养和技术培训等方面的投入,增强员工的技术水平和创新能力。

## 七、新兴媒体面临的挑战与机遇

　　新兴媒体,如社交媒体、短视频平台、在线新闻网站等,已经深深渗透到人们的日常生活中,彻底改变了信息传播的方式。然而,这种迅速的发展也带来了诸多挑战,同时孕育着前所未有的机遇。首先,新兴媒体面临的首要挑战是信息过载问题。由于信息传播的速度和范围极大扩展,人们每天都要面对海量的信息。如何筛选和过滤有效信息成为一个重要问题。在大量虚假信息和低质量内容泛滥的情况下,公众很难分辨真伪,导致信息消费的困难。因此,新兴媒体需要在增强内容质量和确保真实性的同时,教会公众如何更好地筛选和理解信息。其次,隐私保护和数据安全问题也是新兴媒体面临的挑战。随着大数据和人工智能技术的应用,个人信息被广泛收集和使用。然而,数据的滥用和泄露事件频发,引发了人们对隐私安全的担忧。新兴媒体需要加强对用户数据的保护,建立更加完善的数据管理和使用规范,以重建用户信任。另外,新兴媒体还面临着商业模式不清晰的问题。虽然广告收入仍然是媒体行业的主要收入来源,但随着用户付费意愿的增强,探索多元化的商业模式成为必然。新兴媒体需要不断创新,探索出与用户需求相匹配的商业模式,例如内容付费、虚拟商品销售等,以实现可持续发展。

然而,新兴媒体在面临挑战的同时,也孕育着巨大的机遇。首先,新兴媒体为创新内容形式和传播方式提供了无限可能。借助先进的技术手段,如虚拟现实、增强现实等,新兴媒体能够创造出沉浸式的用户体验,使信息传播更加生动和有趣。这不仅增强了用户的参与度,还有助于信息的有效传播。其次,新兴媒体为跨界合作打开了新的通道。不同行业之间的界限逐渐模糊,新兴媒体成为连接各领域的桥梁。例如,将媒体与电商、教育、娱乐等领域结合,创造出新的商业模式和价值链。这种跨界合作有助于实现资源共享和优势互补,推动产业的创新发展。此外,新兴媒体还有助于增强社会透明度和公民参与度。通过新兴媒体平台,公众可以更加便捷地获取信息和表达观点,参与公共事务的讨论和决策过程。这有助于增强社会治理的民主化和科学化水平,推动社会的进步和发展。新兴媒体还为中小企业和个人提供了发声的机会。在过去,传统媒体资源有限,往往集中在少数大型机构手中。然而,随着新兴媒体的兴起,更多的人有了自己的发声平台,能够直接与受众交流和互动。这不仅降低了传播门槛,还促进了信息的多元化和社会的多样性。

## 八、新兴媒体的未来趋势与发展方向

### (一)人工智能与新兴媒体的结合

随着科技的快速发展,人工智能(AI)与新兴媒体的结合已经成为未来媒体发展的新趋势。这种结合不仅带来了全新的媒体形态和用户体验,还深刻地改变了信息传播的方式和效果。人工智能技术为新兴媒体提供了强大的技术支持和创新动力,推动了媒体行业的数字化、智能化和个性化发展。首先,人工智能技术为新兴媒体提供了更加智能的内容生产和推荐系统。通过自然语言处理、机器学习等技术手段,人工智能可以自动分析和理解海量数据,生成高质量的内容。同时,人工智能还可以根据用户的兴趣和行为,进行个性化内容推荐,增强用户黏性和阅读体验。这种智能化的内容生产和推荐方式,不仅增强了媒体的生产效率,还满足了用户的个性化需求。其次,人工智能技术为新兴媒体带来了更加智能的交互和社交功能。通过语音识别、图像识别等技术手段,人工智能可以实现与用户的智能交互,提供更加便捷和智能的服务。同时,人工智能还可以通过社交媒体等平台,实现用户之间的互动和交流,增强媒体的社交属性。这种智能交互和社交功能,不仅增强了用户的参与感和互动性,还为媒体带来了更多的商业机会和价值。此外,人工智能技术还为新兴媒体提供了更加智能的数据分析和用户画像功能。通过大数据分析、数据挖掘等技术手段,人工智能可以对用户的行为、兴趣和需求进行深入分析,构建精准的用户画像。这种智能化的用户画像功能,不仅有助于媒体更好地了解用户需求和市场趋势,还为媒体的精准营销和个性化服务提供了有力支持。

### (二)5G 技术对新兴媒体的影响

随着 5G 技术的商用落地和普及,其对新兴媒体的影响越来越显著。5G技术以其高速率、低时延、大连接数等特性,为新兴媒体提供了前所未有的发展机遇,也带来了新的挑战。5G 技术对新兴媒体的影响,主要体现在信息传播方式、用户体验、内容生产、商业模式等方面。第一,5G 技术对信息传播方式产生了深刻影响。5G 技术的高速率和低时延特性使得信息传输更加迅速和流畅,消除了传统媒体在信息传播中的延迟问题。这使得新兴媒体在信息传播上更加迅速、高效,满足了用户对即时性和互动性的需求。第二,5G 技术增强了新兴媒体的用户体验。5G 技术的高速率和低时延特性使得在线视频播放更加流畅、无卡顿,增强了用户的观看体验。同时,5G 技术还支持更高清的视频内容传输,为用户提供了更加丰富的视觉享受。此外,5G 技术还支持VR/AR 技术,为用户提供了沉浸式的媒体内容体验,进一步拓展了新兴媒体的表现形式和用户体验。第三,5G 技术对内容生产产生了影响。5G 技术的高速率和低时延特性使得媒体内容生产更加高效,现场直播报道更加迅速准确。同时,5G 技术还支持更多样化的内容形式,如 4K/8K 超高清视频、VR/AR 内容等,为媒体提供了更多的创意空间和可能性。这促使新兴媒体不断创新内容生产和呈现方式,以满足用户的多元化需求。此外,5G 技术还对新兴媒体的商业模式产生了影响。5G 技术降低了网络传输成本,使得更多的用户可以接入高速网络,扩大了新兴媒体的用户基础。同时,5G 技术还促进了物联网、边缘计算等技术的发展,为新兴媒体提供了更多的商业应用场景。例如,通过与智能家居、智能交通等领域结合,新兴媒体可以开发出更多具有商业价值的产品和服务。

### （三）全球化背景下新兴媒体的发展与合作

在全球化背景下,新兴媒体的发展呈现出蓬勃的生命力。随着信息技术的不断革新和全球化的深入推进,新兴媒体逐渐成为各国之间文化交流、信息传播和商业合作的重要平台。这一现象不仅促进了不同国家和地区之间的交流与理解,还为新兴媒体产业的创新与发展提供了广阔的空间。首先,技术的进步使得信息传播突破了国界,全球范围内的信息交流成为可能。这为新兴媒体提供了更广阔的发展舞台,也为各国之间的文化交流和商业合作提供了便利的条件。新兴媒体作为信息传播的重要载体,能够迅速地传递各种信息,成为全球范围内不可或缺的交流工具。其次,新兴媒体的多元化和个性化特点也在全球化背景下得到了充分展现。随着用户需求的多样化,新兴媒体不断涌现出新的形式和内容,满足了不同国家和地区的文化需求。例如,一些国际化的在线视频平台,通过提供多语种的内容服务,吸引了来自不同国家和地区的用户。同时,一些社交媒体平台也通过个性化的推荐算法,为用户提供更加精准和个性化的信息内容。这种多元化和个性化的服务模式,使得新兴媒体在全球范围内具有更强的吸引力和竞争力。

# 第二章　数字广播技术发展

## 第一节　数字广播的界定与类型

### 一、数字广播的界定

数字广播,也称为数字无线电广播,是一种利用数字信号处理和传输技术进行无线电广播的方式。与传统的模拟无线电广播相比,数字广播具有更高的音质、更强的抗干扰能力、更广的覆盖范围以及能够提供更多的附加服务。数字广播的实现需要依靠先进的数字信号处理技术和设备。在信号的采集、制作、传输和接收等环节,数字广播采用了多种先进的数字技术,如音频编码技术、数字调制技术、信道纠错编码技术等。这些技术的应用使得数字广播信号在传输过程中具有更强的抗干扰能力和更小的噪声,从而保证了更高的音质。数字广播的传输方式有多种,包括地面广播、卫星广播和网络广播等。地面数字广播是将数字信号通过地面发射站发送到空中,用户通过接收设备接收信号。卫星数字广播则是通过卫星将信号传输到地面接收设备,这种方式的覆盖范围更广。网络数字广播则是通过网络进行广播信号的传输,这种方式能够提供更多的交互性和个性化服务。

第一,由于数字信号在传输过程中具有更强的抗干扰能力,数字广播的音质比传统的模拟无线电广播更好,声音更加清晰、逼真。第二,数字广播具有广覆盖范围。由于数字信号具有更强的抗干扰能力和纠错能力,数字广播的覆盖范围比传统的模拟无线电广播更广,能够覆盖更广泛的地区和人群。第三,数字广播能够提供更多的附加服务。数字广播除了能够传输音频信号,还能够传输文本、图片和视频等多种形式的多媒体内容。此外,数字广播还能够提供交互性和个性化服务,如实时交通信息、天气预报、互动投票等。第四,数字广播具有环保性。与传统的模拟无线电广播相比,数字广播的发射功率更低,能够减少能源消耗和电磁污染。同时,数字广播还能够实现频谱的高效利用,增强频谱资源的利用率。然而,数字广播也面临着一些挑战和问题。首先,数字广播的制作和传输设备成本较高,需要大量的资金投入。其次,数字广播的接收设备也需要具备一定的技术含量和复杂度,需要用户具备一定的技术素养和使用经验。此外,随着互联网和移动互联网的普及,人们获取信息的方式已经越来越多样化,传统广播媒体面临着来自新兴媒体的竞争压力。因此,数字广播需要在内容制作、服务提供和商业模式等方面不断创新和完善,以适应市场需求和受众消费习惯的变化。

## 二、数字广播的类型

### (一)地面数字广播

地面数字广播是一种采用数字技术进行音频传输的广播方式,它与传统的模拟广播相比,具有更高的音质、更稳定的传输和更广泛的覆盖范围。地面数字广播通过地面广播电台将数字音频信号传输给听众,这种类型的数字广播具有覆盖范围广、信号稳定等优点,因此在城市、乡村等各个地区都有广泛应用。地面数字广播的工作原理是将音频信号进行数字编码,然后通过地面广播电台以电磁波的形式传输给听众。在接收端,听众需要使用专门的接收设备将电磁波信号还原为数字音频信号,再经过解码后还原成原始的音频信号。地面数字广播采用数字编码技术,因此具有更高的音质和更低的失真度,能够提供更加清晰、纯净的听觉体验。地面数字广播的传输过程相对稳定,能够有效地避免信号干扰和传输中断等问题。在模拟广播中,信号的传输受到多种因素的影响,如天气、地形等,容易出现信号干扰和传输中断等问题。而地面数字广播采用数字编码技术,具有更强的抗干扰能力和更长的传输距离,能够有效地避免信号干扰和传输中断等问题。因此,地面数字广播在新闻、天气预报、交通信息等领域的传播更加及时、准确和可靠。

地面数字广播的覆盖范围相对较广,可以覆盖更广阔的区域。传统的模拟广播受到多种因素的影响,如地形、建筑物等,覆盖范围相对较小。而地面数字广播采用数字编码技术,具有更强的穿透力和更远的传输距离,能够覆盖更广阔的区域。这为需要广泛传播信息的广播机构提供了更多的机会和可能性。除了音质和传输稳定性方面的优势,地面数字广播还具有更高的数据传输能力。这使得地面数字广播在新闻、教育、娱乐等领域具有更加丰富的应用场景和更广泛的应用前景。例如,在新闻领域,地面数字广播可以实时传输新闻报道、现场直播等信息;在教育领域,地面数字广播可以为学生提供远程教育、在线学习等服务;在娱乐领域,地面数字广播可以提供音乐、电影、游戏等内容。然而,地面数字广播的传输需要占用一定的带宽资源。如果带宽不足,可能会影响信号的传输质量。为了解决这个问题,地面数字广播采用了多种技术手段,如压缩技术、多路复用技术等,以优化带宽利用率和增强信号传输质量。这些技术手段的应用使得地面数字广播在带宽有限的情况下也能够实现高质量的音频传输。

### (二)卫星数字广播

卫星数字广播是一种利用卫星技术进行音频传输的广播方式,具有覆盖范围广、传输质量高、传输容量大等优点,它采用先进的数字编码技术,将音频信号转换为数字信号进行传输。与传统的模拟广播相比,卫星数字广播具有更高的音质和更低的失真度,能够提供更加清晰、纯净的听觉体验,在传输过程中,卫星数字广播采用了多种抗干扰技术,如数字信号加密、信道编码等,以避免信号干扰和传输中断等问题。卫星数字广播的覆盖范围非常广,可以覆盖全球范围内的听众。无论是在城市还是乡村,只要有接收设备,人们都可以接收到卫星数字广播的信号,这为需要广泛传播信息的广播机构提供了更多的机会和可能性。同时,卫星数字广播还具有更高的传输质量和更大的传输容量,可以同时传输多个频道的音频信号,满足不同听众的需求。在应用场景方面,卫星数字广播可以广泛应用于新闻报道、天气预报、交通信息等领域,在新闻报道中,卫星数字广播可以实时传输新闻报道、现场直播等信息,让听众能够及时了解最新的新闻动态。在天气预报中,卫星数字广播可以提供更加准确、实时的气象数据,帮助听众了解天气状况和变化趋势。在交通信息中,卫星数字广播可以实时传输交通信息,帮助听众了解交通情况并做出相应的出行决策。

在娱乐领域,卫星数字广播可以提供音乐、电影、游戏等内容。此外,随着技术的不断进步和创新,卫星数字广播还将会与5G技术相结合,提供更加高效、快速的音频传输服务。同时,随着人们对音质和传输质量的要求不断增强,卫星数字广播将会采用更加先进的编码技术和传输技术,提供更加清晰、纯净的听觉体验。

## （三）网络数字广播

网络数字广播是一种新型的数字广播类型，它通过互联网将数字音频信号传输给听众。这种类型的数字广播具有灵活性和互动性，可以通过手机、电脑等设备随时随地收听节目。网络数字广播不仅可以传输传统的音频节目，还可以提供视频、图文等多种形式的多媒体内容。网络数字广播的发展得益于互联网技术的不断进步。互联网的普及和带宽的增加，使得数字音频信号的传输变得更加快速和稳定。同时，随着智能手机和电脑等设备的普及，听众可以随时随地收听节目，不再受时间和地点的限制。网络数字广播的互动性也是其独特的优势之一。除了音频节目，网络数字广播还可以提供视频、图文等多种形式的多媒体内容，这些内容可以更加生动、形象地展示节目的内涵和特点，为听众提供更加丰富的视听体验。同时，这些多媒体内容也可以通过数据统计和分析，为节目制作和推广提供更多的参考和依据。除了传统广播节目，网络数字广播还可以提供更加个性化的定制服务。听众可以根据自己的喜好和需求，选择自己喜欢的节目内容和播放方式。这种个性化服务可以为听众提供更加贴心和便捷的收听体验，同时也可以为节目制作提供更加精准的目标受众和市场定位。网络数字广播的社交功能也是其独特的优势之一。听众可以通过评论、分享等方式与其他听众互动，参与到节目的制作和推广中。这种社交功能不仅可以增强听众的参与感和黏性，还可以为节目制作提供更多的素材和灵感。同时，这种社交功能也可以促进听众之间的交流和互动，增强广播节目的社交性和影响力。

## （四）车载数字广播

车载数字广播是一种先进的技术，它通过将数字音频信号传输到汽车内的音响设备，为驾驶员和乘客提供高品质的音频体验。这种广播系统的出现，让人们在驾驶过程中能够更加轻松、愉悦地收听广播节目，还能获得实时交通信息和天气预报等实用信息。车载数字广播采用先进的数字技术，可以将数字音频信号传输到汽车内的音响设备，从而确保音频的清晰度和稳定性。数字广播采用数字信号传输，避免了模拟信号传输中的干扰和失真，从而确保了音频的清晰度和稳定性。除了传输传统的音频节目，车载数字广播还可以提供实时交通信息和天气预报等实用信息。这些信息可以帮助驾驶员更好地了解路况和天气情况,从而做出更加明智的驾驶决策。例如,驾驶员可以通过交通信息了解当前的路况拥堵情况,从而选择更加合适的路线或避开拥堵路段。同时,这些信息还可以为乘客提供更加舒适和便捷的乘车体验。例如,乘客可以通过天气预报了解当天的天气情况,从而做好相应的防护措施或选择更加合适的出行方式。除了音频传输和实时信息提供,车载数字广播还具有导航功能。它可以通过GPS等定位技术,为驾驶员提供准确的路线导航和定位服务。这可以帮助驾驶员更加快速、准确地到达目的地,避免迷路和浪费时间。同时,导航功能还可以提供实时的交通信息,帮助驾驶员选择更加合适的路线或避开拥堵路段。

车载数字广播的出现,不仅丰富了驾驶员和乘客的娱乐生活,还为驾驶员提供了更加便捷、实用的驾驶辅助功能。它不仅可以增强驾驶的安全性和舒适性,还可以为驾驶员提供更加全面的信息和服务。例如,驾驶员可以通过数字广播了解当地的新闻、文化活动、促销信息等,从而更好地了解当地的生活和文化。同时,数字广播还可以提供紧急救援服务,例如在车辆发生故障或事故时,驾驶员可以通过数字广播联系救援人员或报警求助。

（五）公共场所数字广播

公共场所数字广播是一种集成了先进数字技术与公共场所需求的广播系统。它的核心是将数字音频信号传输到公共场所内的音响设备,以提供多元化的信息和服务。公共场所数字广播的设计和实施旨在满足人们在不同场所的需求,增强公共安全水平和提供优质的信息服务。公共场所数字广播利用先进的数字技术,实现了音频信号的高质量传输和播放。与传统的模拟广播相比,数字广播具有更高的音质和更稳定的信号传输。这使得公共场所数字广播能够为人们提供清晰、逼真的音频体验,无论是背景音乐、通知还是广告,都能够准确地传达信息。公共场所数字广播的灵活性和可定制性是其重要特点之一。不同的公共场所具有不同的需求和环境,数字广播系统可以根据场所的特点进行个性化设置。例如,在商场中,数字广播可以播放轻松愉快的背景音乐,营造舒适的购物环境;在机场和火车站,数字广播可以及时播报航班和车次信息,为旅客提供便利。这种灵活性使得公共场所数字广播能够满足不同场所的需求,增强人们的体验感。除了提供信息和服务,公共场所数字广播还具有与消防报警系统等其他系统的联动功能。这种联动功能能够增强公共安全水平,减少人员伤亡。例如,当商场发生火灾时,数字广播可以迅速启动应急广播,引导顾客疏散;在机场和火车站,数字广播可以与安检系统联动,及时播报安检信息和注意事项,确保旅客的安全。公共场所数字广播还具有高效、稳定的特点。它采用先进的数字技术,确保音频信号的清晰度和稳定性。同时,公共场所数字广播还可以实现远程监控和管理,方便管理人员随时掌握系统的运行状态和音频内容。这种远程监控和管理功能使得公共场所数字广播更加高效、可靠,为公共安全提供了有力保障。

# 第二节　数字广播的特征与优势

## 一、数字广播的特征

### (一)高清晰度与高品质

　　数字广播,作为一种新型的广播技术,具有高清晰度和高品质的特点。首先,数字广播的高清晰度体现在音频信号的传输和播放过程中。传统的模拟广播受到信号传输过程中各种因素的影响,容易出现失真、杂音等问题,而数字广播通过将音频信号转化为数字信号进行传输,有效避免了这些问题。数字信号在传输过程中具有更强的抗干扰能力,能够保证音频信号的完整性和清晰度。此外,数字广播还采用了先进的音频编码技术,对音频信号进行高效压缩和处理,进一步增强了音频的清晰度和品质。其次,数字广播的高品质还体现在音频内容的多样性上。传统的模拟广播受限于传输带宽和信号质量,往往只能提供基本的音频服务,如新闻、音乐等。而数字广播采用了高效的数字传输技术,具有更强的传输能力和更高的信号质量,能够提供更加多样化的音频内容。除了基本的音频服务,数字广播还可以传输文本、图片、视频等多种形式的多媒体内容,为听众提供更加丰富、多样化的信息和服务。此外,数字广播的高品质还体现在系统的稳定性和可靠性上。数字广播采用了先进的数字技术和算法,对音频信号进行高效的压缩、传输和处理,有效避免了传统模拟广播中常见的信号失真、噪声干扰等问题。同时,数字广播系统还具有强大的纠错功能和抗干扰能力,能够在复杂的环境中稳定地传输和播放音频信号,保证了系统的可靠性和稳定性。

## （二）多通道与多格式

数字广播系统为广播机构提供了前所未有的选择和灵活性,使其能够更好地满足不同听众的需求。通过数字广播系统,广播机构可以同时传输多个节目或信息,这种多通道传输方式使得数字广播更加高效,能够更好地应对多任务处理和多场景应用。首先,数字广播系统的多通道传输方式为广播机构提供了更大的选择空间。传统模拟广播受到传输带宽的限制,通常只能传输单一节目或信息。而数字广播系统采用数字化技术,可以同时传输多个节目或信息,使得广播机构能够根据不同的需求和场景,灵活选择不同的节目进行传输。这种多通道传输方式不仅增强了传输效率,还为广播机构提供了更多的选择和灵活性。其次,数字广播系统支持多种音频格式,为广播机构提供了更多的选择。MP3、AAC等音频格式具有不同的音质和压缩方式,广播机构可以根据不同的节目需求和听众群体选择合适的音频格式。例如,在音乐节目中,可以选择高品质的音频格式,以呈现最佳的音乐效果;在新闻节目中,可以选择简洁明了的音频格式,以快速传达信息。这种灵活的音频格式选择使得数字广播能够更好地满足不同听众的需求,提供最佳的音频体验。此外,数字广播系统的多通道和多种格式传输还具有更强的稳定性和可靠性。由于数字广播采用先进的数字技术,音频信号在传输过程中不会出现失真和噪声,确保了音频的高品质和稳定性。同时,数字广播系统还具有较高的可靠性,能够应对各种突发情况和技术故障。这使得数字广播在公共场所、交通工具等复杂环境中能够稳定运行,为人们提供可靠的信息和服务。除了稳定性和可靠性,数字广播系统还具有更强的灵活性和可定制性。由于数字广播采用数字化技术,可以根据不同的节目需求和听众群体,定制不同的音频内容和传输方式。这种灵活性使得数字广播能够更好地适应不同的环境和场景,为听众提供更加丰富多样的音频体验。例如,在商场中,数字广播可以根据不同的区域和活动需求,定制不同的背景音乐和促销信息;在机场和火车站中,数字广播可以根据航班和车次信息,定制及时的通知和引导信息。这种灵活性和可定制性使得数字广播更加贴近听众的需求和使用场景,增强了其服务质量和竞争力。

## （三）实时性与互动性

数字广播的实时性是其显著的特点之一,这一特性使得广播节目能够紧跟时事,及时传递信息,让听众在第一时间获取所需内容。实时性的实现得益于数字技术的快速发展和网络的广泛应用。相比传统广播,数字广播不再受限于固定的节目安排和传输时间,能够实时更新节目内容,随时调整播放计划,以适应不断变化的信息需求和听众兴趣。实时性的具体体现可以从多个方面来观察。首先,新闻播报是实时性最为突出的应用之一。通过数字广播系统,新闻机构可以在事件发生后迅速进行播报,甚至实现现场直播,让听众即时了解国内外重大新闻事件、突发事件以及社会热点。这种即时性不仅满足了人们获取信息的需求,也增强了广播媒体的时效性和影响力。其次,数字广播的实时性还体现在节目互动和听众参与上。借助先进的数字技术和网络平台,数字广播能够实现与听众的实时互动。例如,通过短信、电话、社交媒体等方式,听众可以即时参与到节目中来,发表观点、提问或分享感受。这种互动性不仅增强了听众的参与感和归属感,也使得广播节目更加生动有趣,更加贴近听众的需求和兴趣。实时性还带来了节目形式的多样性和创新。数字广播可以实时整合各种信息资源,包括文字、图片、音频、视频等多媒体内容,以更加丰富多样的形式呈现给听众。比如,在播报新闻时,可以实时插入相关的图片、视频或音频资料,使新闻报道更加生动形象;在音乐节目中,可以实时引入歌手的现场演唱、粉丝的互动等环节,增强了节目的趣味性和互动性。此外,数字广播的实时性也为广告商提供了更多的机会和可能性。广告商可以根据实时的事件、节日或促销活动,定制相应的广告内容,并通过数字广播系统迅速传达给目标听众。这种实时性的广告投放不仅增强了广告的时效性和针对性,也为广告商带来了更大的商业价值和回报。然而,数字广播的实时性也带来了一定的挑战和问题。由于信息的即时性和快速传播,一旦出现错误或误导性的内容,其影响范围也会迅速扩大。因此,在追求实时性的同时,也需要加强对信息的审核和管理,确保信息的准确性和可靠性。

(四)可定制性与个性化

数字广播系统的可定制性和个性化设置,赋予了广播机构更多的创意和灵活性,使得它们能够根据不同的节目需求和听众群体,定制出更加符合需求的音频内容和播放方式。这种定制性和个性化不仅满足了听众的多样化需求,增强了收听体验和满意度,还帮助广播机构应对市场变化和用户需求的变化,提升节目的质量和竞争力。首先,数字广播系统的可定制性为广播机构提供了一种新的方式来满足各种节目需求。不同于传统的广播模式,数字广播系统可以根据不同的节目类型、风格和主题,定制出不同的音频内容。例如,在音乐节目中,可以根据不同的音乐类型、歌手或专辑,创建独特的播放列表,以满足不同听众群体的喜好。在新闻节目中,可以根据不同的新闻事件、地点或时间,定制出有针对性的报道内容,以满足听众对信息的需求。这种定制化的音频内容不仅可以更好地满足听众的需求,增强收听率,还可以帮助广播机构树立自己的品牌形象,增强节目质量。其次,数字广播系统的个性化设置使得广播机构能够更好地满足不同听众群体的需求。每个听众的收听习惯、喜好和需求都是独特的,数字广播系统可以根据这些特点,为每个听众提供个性化的音频内容和播放方式。例如,可以根据不同年龄、性别、地域或职业的听众,调整音频内容的播放顺序、音量和频率等。这种个性化的设置不仅可以增强听众的收听体验和满意度,还可以帮助广播机构更好地了解听众的需求和喜好,为未来的节目制作和定制提供有价值的参考。此外,数字广播系统的可定制性和个性化设置还能够帮助广播机构应对市场变化和用户需求的变化。随着社会的不断发展和人们需求的不断变化,广播节目的内容和形式也需要不断更新和调整。数字广播系统的可定制性和个性化设置使得广播机构能够灵活地应对这些变化,及时调整音频内容和播放方式,以满足听众的需求。例如,当某个歌手或音乐类型受到听众的欢迎时,数字广播系统可以迅速调整播放列表,增加相关的音频内容;当某个新闻事件发生时,可以及时调整报道内容和播放频率,以满足听众对信息的需求。这种灵活性和快速响应能力使得数字广播系统在竞争激烈的媒体市场中更具优势。

然而,数字广播系统的可定制性和个性化设置也带来了一些挑战和问题。一方面,为了满足不同听众的需求和喜好,广播机构需要不断更新和调整音频内容,这需要大量的创意和资源投入。另一方面,随着市场的变化和用户需求的变化,广播机构需要及时了解并应对这些变化,这需要建立有效的反馈机制和数据分析能力。因此,为了充分利用数字广播系统的可定制性和个性化设置的优势,广播机构需要不断提升自身的创意能力和数据分析能力,以提供更加优质的音频内容和更好的收听体验。

(五)稳定性与可靠性

数字广播系统以其稳定的性能和可靠性,在公共场所、交通工具等复杂环境中发挥着重要的作用。它不仅为人们提供了清晰、稳定的音频内容，还确保了在各种突发情况下，信息能够及时、准确地传递给受众。首先，数字广播系统的稳定性是其核心优势之一。传统的模拟广播常常受到信号干扰、传输距离等多种因素的影响，导致信号失真或中断。相比之下，数字广播系统采用了先进的数字技术，这些技术具有抗干扰能力强、传输距离远等优点，从而确保了音频信号的稳定性和清晰度。无论是在城市的高楼大厦之间，还是在遥远的乡村，数字广播信号都能够保持一致的品质，使听众能够享受到不受干扰的音频体验。此外，数字广播系统的可靠性也是其重要特点之一。在公共场所或交通工具等复杂环境中，设备和电源可能会出现各种突发情况，如突然断电、设备故障等。然而，数字广播系统在设计之初就充分考虑到了这些因素，采用了高质量的硬件设备和先进的软件技术，以确保系统的稳定运行。例如，数字广播系统配备了备份电源和故障自动切换等功能，当主电源或设备出现故障时，系统能够自动切换到备用电源或设备，确保广播的连续性。同时，数字广播系统还具有远程监控和故障诊断功能，管理人员可以通过网络远程监控系统的运行状态，及时发现和解决各种问题。这种高度的可靠性使得数字广播系统成为在关键场合中传递信息的可靠工具。

数字广播系统的可扩展性和可升级性也是其重要的特点之一。随着技术的发展和市场的变化，广播系统需要不断更新和升级以适应新的需求。数字广播系统具有良好的可扩展性和可升级性，能够根据用户的需求增加更多的功能和特性。例如，可以增加更多的音频频道，满足不同听众群体的需求；支持更多的传输方式，如互联网广播、卫星广播等；提供更多的互动功能，如电话接入、短信互动等。这种可扩展性和可升级性使得数字广播系统具有更强的适应性和竞争力。数字广播系统的稳定性和可靠性还体现在其安全性和隐私保护方面。在信息传递的过程中，安全性和隐私保护是非常重要的考虑因素。数字广播系统采用了先进的安全技术和加密算法，确保信息在传输过程中的安全性和完整性。同时，数字广播系统还注重保护听众的隐私，确保个人信息不会被滥用或泄露。这种对安全性和隐私保护的重视使得数字广播系统赢得了用户的信任和忠诚度。

## 二、数字广播的优势

### （一）音质更佳

数字广播的音质更佳,这是它相较于传统模拟广播的一大优势。数字广播采用了先进的数字编码技术,对音频信号进行了高度压缩和处理,使得广播信号在传输过程中能够保持更高的质量。这种数字编码技术不仅减小了音频信号的传输带宽,还大大降低了信号的失真和噪声干扰,从而实现了更加清晰、逼真的音质效果。相比之下,传统的模拟广播在传输过程中会受到多种因素的影响,如信号干扰、传输距离等,导致音质失真或噪声干扰。这些问题在数字广播中得到了很好的解决,听众可以享受到更加纯净、清晰的音频体验。数字广播的音质更佳还体现在动态范围和立体声效果上。数字广播系统支持更高的动态范围,能够更好地还原音频信号中的细节和层次感,使得音乐和声音更加真实、动人。此外,数字广播还支持立体声技术,通过不同的声道处理方式,实现更加逼真的环绕声效果,为听众带来更加沉浸式的听觉享受。数字广播的音质更佳不仅增强了听众的收听体验,还为广播内容的质量提供了更好的保障。音乐、新闻、谈话节目等不同类型的节目都能在数字广播中得到更好的呈现,满足不同听众群体的需求。数字广播的高音质特点也促进了音频内容的创新和多样化。例如,现场录音、高清音乐制作等高品质音频内容在数字广播中得到了更广泛的应用,为听众带来了更加丰富、多样的收听选择。此外,数字广播的音质更佳还与其采用的音频编解码技术密不可分。随着音频编解码技术的不断发展和创新,数字广播的音质也在不断提升。例如,目前主流的音频编解码标准如 AAC、Dolby Digital 等都具有较高的音频质量和压缩效率,使得数字广播信号在传输过程中能够保持更高的音质水平。数字广播系统还支持多种音频格式和采样率,以满足不同类型节目的需求。例如,高清音乐节目可以采用无损压缩格式如 FLAC 或 ALAC,而日常新闻节目则可以采用较低采样率的格式以节省带宽。这种灵活性和多样性使得数字广播能够根据不同的节目需求提供最佳的音质效果。

### （二）抗干扰能力更强

数字广播相较于传统模拟广播的一大显著优势是其抗干扰能力更强。在复杂的电磁环境中,数字广播能够保持信号的稳定性和清晰度,确保广播内容准确、无误地传递给听众。数字广播之所以具备更强的抗干扰能力,首先得益于其采用的数字信号传输方式。传统的模拟广播信号在传输过程中容易受到电磁干扰、多径效应等因素的影响,导致信号失真或产生噪声。而数字广播则通过数字编码技术将模拟音频信号转换为数字信号进行传输,这种数字信号具有更高的抗干扰能力和更强的鲁棒性。即使在电磁环境复杂或信号受到干扰的情况下,数字广播系统也能通过数字信号处理技术对信号进行恢复和重构,确保广播内容的清晰度和准确性。数字广播系统还采用了先进的调制技术和信道编码技术,进一步提升了其抗干扰能力。调制技术能够将数字信号转换为适合在特定信道中传输的形式,增强信号的传输效率和抗干扰性。而信道编码技术则通过添加冗余信息等方式,提升信号的纠错能力,使得在信号受到干扰或损坏时能够进行自动修复和纠正,确保广播信号的稳定性和可靠性。此外,数字广播系统还具备智能的信号处理算法和自适应技术,能够根据不同的信道环境和干扰情况进行实时的信号优化和调整。例如,在移动接收环境中,数字广播系统可以利用多普勒频移补偿、自适应均衡等技术,消除由于移动接收引起的信号失真和干扰,确保广播信号的稳定性和清晰度。数字广播的抗干扰能力更高,不仅保证了广播内容的准确传递,还为听众提供了更加稳定、可靠的收听体验。无论是在城市的高楼大厦之间、交通工具上还是在偏远地区,数字广播都能够保持信号的稳定性和清晰度,使听众能够随时随地享受到高质量的广播服务。同时,数字广播的抗干扰能力更强也为广播机构提供了更大的灵活性和覆盖范围。在传统的模拟广播中,为了避免干扰和保证信号质量,往往需要严格控制发射功率和频率分配。而数字广播由于其强大的抗干扰能力,可以在更广泛的范围内使用相同的频率资源进行广播,增强了频谱利用率和覆盖范围。这为广播机构提供了更多的选择和可能性,满足了不同地区、不同听众群体的需求。

## (三)信息量更大

随着科技的进步和信息时代的来临,人们对于信息的需求日益增长。在这个信息爆炸的时代,如何快速、准确地获取所需信息成为人们关注的焦点。数字广播作为一种先进的广播技术,具有信息量更大的优势,通过增加播出时间和频点来增加节目套数,使得单位时间内提供给听众的信息数量大大增加,满足了人们对于获取信息的需求,增强了广播的竞争力。首先,数字广播通过增加播出时间来提供更多的信息。传统的模拟广播受到播出时间的限制,往往只能在特定的时间段内播出节目。而数字广播打破了这一限制,可以实现24小时不间断播出。这意味着听众可以在任何时间、任何地点收听到自己感兴趣的节目,不再受到播出时间的限制。这种24小时不间断的播出方式为听众提供了更加灵活的选择,使得他们可以根据自己的需求和时间安排来收听节目。其次,数字广播通过增加频点来增加节目套数。在传统的模拟广播中,由于频点资源的有限性,往往只能提供有限的节目套数。而数字广播采用了先进的数字信号处理技术,可以在相同的频点资源下提供更多的节目套数。这意味着听众可以收听到更多的节目内容,满足不同听众群体的需求。这种增加节目套数的方式为听众提供了更加多样化的选择,使得他们可以根据自己的兴趣和喜好来选择收听不同的节目。此外,数字广播还具有更高的传输效率和更广泛的覆盖范围。数字信号在传输过程中具有更高的抗干扰能力和稳定性,能够保证信号的清晰度和稳定性。同时,数字广播采用了高效的压缩技术,使得音频数据在传输过程中更加紧凑和高效。这种压缩技术不仅不会损失音频质量,还能节省带宽和存储空间,增强了传输效率。此外,数字广播还可以通过卫星、网络等多种方式进行传输,实现了更广泛的覆盖范围,使得更多的听众可以收听到丰富的节目内容。这种更高的传输效率和更广泛的覆盖范围为听众提供了更加稳定和可靠的收听体验。同时,数字广播还具有更强的互动性和更丰富的多媒体融合方式。通过短信、电话、网络等多种方式与听众进行实时互动,收集听众的反馈和建议,及时调整节目内容和形式。这种互动方式不仅增强了节目的针对性和吸引力,还增强了听众对广播节目的认同感和归属感。同时,数字广播还可以通过多媒体融合的方式提供更加丰富的信息内容。将音频、视频、图片等多种媒体形式进行融合,为听众提供更加生动、形象的信息内容。这种多媒体融合的方式不仅可以增强信息的传递效率和理解度,还可以满足听众对于多样化信息内容的需求。此外,数字广播还具有跨平台传播的优势。在数字化时代,人们的收听习惯发生了巨大变化。数字广播可以通过多种平台进行传播,如手机、平板电脑、车载设备等,实现了跨平台传播的目标。这使得听众可以在任何时间、任何地点通过任何设备收听到数字广播的节目内容,增强了广播的可达性和便捷性。这种跨平台传播的方式为听众提供了更加便捷的收听体验,使得他们可以根据自己的需求和设备选择来收听节目。

### (四)个性化服务

在数字化时代,个性化服务已成为各行各业竞相追求的目标。数字广播作为广播领域的技术革新,其个性化服务的优势日益凸显,为广播媒体带来了新的发展机遇。数字广播能够根据用户的具体需求和兴趣,提供相应的个性化服务,如特定节目的定制推送等,这不仅满足了用户的多样化需求,还增强了广播媒体的到达率和影响力。数字广播的个性化服务首先体现在节目内容的定制上。传统的广播节目通常是线性播放,听众只能在特定的时间段内收听特定的内容。而数字广播则打破了这种限制,允许听众根据自己的喜好和需求选择节目。数字广播系统可以记录并分析用户的收听习惯、兴趣爱好等信息,然后根据这些信息为用户推荐和推送符合其需求的节目内容。这种个性化的节目定制不仅增强了节目的针对性和吸引力,还使用户能够更加方便地获取自己感兴趣的内容。除了节目内容的定制,数字广播的个性化服务还体现在播出方式的灵活性上。数字广播支持多种播出方式,如直播、点播、回放等,用户可以根据自己的时间和地点选择合适的播出方式。例如,在移动设备上,用户可以随时随地通过数字广播应用收听节目,不受时间和地点的限制。这种灵活性使得数字广播能够适应用户多样化的收听需求,提供更加贴心的服务。数字广播的个性化服务还体现在与用户的互动上。传统的广播节目往往是单向传播,听众难以与节目进行实时互动。而数字广播则通过互联网技术实现了与用户的实时互动,用户可以通过数字广播平台发表评论、参与投票、提出意见等,与节目进行更加紧密的联系和交流。这种互动性不仅增强了用户的参与感和归属感,还为节目制作提供了更多的反馈和建议,有助于节目的改进和优化。数字广播的个性化服务还体现在多语种和多文化的适应性上。随着全球化的加速发展,人们对多语种和多文化内容的需求不断增加。数字广播支持多种语言和文化内容的传输和接收,用户可以根据自己的语言和文化背景选择相应的节目内容。这种多语种和多文化的适应性使得数字广播能够跨越地域和文化的限制,为更广泛的受众提供个性化的服务。数字广播的个性化服务优势不仅增强了用户的收听体验和满意度,还为广播媒体带来了更多的商业机会和竞争优势。通过提供个性化的节目内容和播出方式,数字广播能够吸引更多的受众群体,增强节目的收听率,扩大节目的市场份额。同时,数字广播的个性化服务也为广告商提供了更加精准的广告投放方式,增强了广告的传播效果和回报率。

## (五)功能更多样化

数字广播作为现代媒体的一种形式,其功能已经远远超过了传统的模拟广播。除了基本的音频播放功能,数字广播还支持多种附加功能,如互动游戏、远程教育、在线购物等,这为观众提供了更多的娱乐和实用价值。首先,数字广播的互动游戏功能是一项吸引人的附加功能。通过与互联网的结合,数字广播可以实时与观众进行互动,提供各种在线游戏和竞赛。这些游戏和竞赛不仅可以增强节目的趣味性和互动性,还能让观众在娱乐的同时获得更多的参与感和满足感。观众可以通过数字广播平台参与各种互动游戏,与节目主持人或其他观众进行互动交流,增强了节目的社交性和参与性。其次,数字广播的远程教育功能为观众提供了更多的学习机会。通过数字广播平台,观众可以收听各种教育类节目,如讲座、课程、学习资料等。这些节目可以帮助观众扩展知识面、增强技能水平,为他们的学习和职业发展提供有力的支持。数字广播的远程教育功能打破了地域和时间的限制,让观众可以在任何时间、任何地点接受教育,增强了教育的普及性和便利性。此外,数字广播的在线购物功能也为观众提供了更多的购物选择。通过与电子商务平台的结合,数字广播可以提供各种在线购物服务,如商品推荐、在线支付、订单跟踪等。观众可以在收听节目的同时浏览各种商品信息,购买自己需要的商品,享受更加便捷的购物体验。数字广播的在线购物功能不仅丰富了节目的内容,还为观众提供了更多的消费选择和便利。这些附加功能的多样化使得数字广播不仅仅是一个简单的音频播放工具,而是一个集娱乐、教育、购物等多种功能于一体的综合性媒体平台。数字广播的功能多样性不仅满足了观众多样化的需求,还增强了其市场竞争力。

## (六)支持多媒体应用

数字广播作为一种先进的媒体传播方式,其优势不仅体现在音质、抗干扰能力和个性化服务上,更在于其对于多媒体应用的强大支持。与传统的模拟广播相比,数字广播不仅能够传输声音,还能够传输视频、图片以及其他类型的多媒体内容,为观众带来了更加丰富、立体的视听体验。首先,数字广播对于视频传输的支持是其一大特色。在数字广播中,通过将视频信号进行数字化编码,可以将动态的图像信息融入广播信号中。这意味着观众不仅可以在收听音频节目的同时,还能在屏幕上看到与节目相关的视频内容。这种视频传输功能的应用范围非常广泛,包括新闻报道、体育赛事直播、音乐 MV 等。通过数字广播的多媒体应用,观众可以获得更加直观、生动的视听体验,使广播节目的表现力和感染力极大增强。其次,数字广播对于图片传输的支持也具有很大的优势。在某些节目中,为了更好地说明和解释内容,常常需要展示一些图片或图表。通过数字广播技术,可以将这些图片或图表以数字化的形式嵌入到广播信号中,并在接收端进行解码显示。这样一来,观众不仅可以通过听觉来接收信息,还可以通过视觉来更加直观地理解节目内容。这种图片传输功能在教育、科普和讲解类节目中尤其适用,能够使信息的传达更加准确和生动。此外,数字广播还支持其他类型的多媒体应用,如文字、数据等。这些多媒体元素可以通过数字编码与音频信号一起传输,并在接收端进行解码和显示。这种多媒体应用使得数字广播不仅仅是一个单纯的音频媒体,而是一个集音频、视频、图片、文字等多种元素于一体的综合性媒体平台。数字广播的这种多媒体支持能力为其在媒体市场中的竞争力提供了强大的支持,满足了观众对于多样化、立体化内容的需求。数字广播支持多媒体应用的优势还在于其对于数据传输的可靠性。通过先进的数字编码和传输技术,数字广播能够确保多媒体内容在传输过程中的稳定性和可靠性,降低数据丢失或损坏的风险。这为各种需要实时传输多媒体内容的节目提供了强有力的技术支持,保证了节目的质量和效果。

## (七) 提供实时信息服务

在当今快节奏的社会中,信息的重要性日益凸显。人们需要快速、准确地获取各类信息,以应对日常生活和工作中的挑战。数字广播作为一种先进的媒体传播方式,其提供实时信息服务的优势备受瞩目。与传统的模拟广播相比,数字广播在传递实时信息方面具有更高的效率和更强的准确性,满足了人们对信息的需求。首先,数字广播在传递实时新闻方面具有显著的优势。新闻报道需要快速、准确地传递给听众,而数字广播恰好具备这一特点。通过数字技术,数字广播可以实时接收和传输新闻信息,使得听众能够在第一时间获取最新的新闻动态。无论是突发事件、重大事件还是地方新闻,数字广播都能及时、准确地传递给听众,满足了他们对新闻信息的需求。其次,数字广播在提供天气预报服务方面也具有优势。天气变化对人们的日常生活和出行计划有着重要影响,因此,天气预报的准确性至关重要。数字广播可以实时接收气象部门的天气预报数据,并通过数字技术进行快速处理和传输。这使得听众能够及时获取最新的天气信息,为他们的出行和日常生活提供重要参考。此外,数字广播还为交通信息的传递提供了有效途径。随着城市交通拥堵问题的日益严重,人们需要实时了解交通情况以合理安排出行。数字广播可以实时发布路况信息、交通管制措施以及公共交通动态等,帮助听众做出最佳的出行选择。这种实时信息服务不仅增强了交通出行的效率,还有助于缓解城市交通压力。

除了上述信息服务,数字广播还可以提供灾害预警等实时信息。在面临自然灾害等紧急情况时,人们需要及时获取预警信息时,数字广播可以快速发布灾害预警,并通过多渠道进行传播,确保信息能够及时传递给广大群众,这种实时信息服务在防灾减灾工作中具有重要意义。数字广播提供实时信息服务的特点还在于其覆盖范围广泛。无论是在城市还是农村地区,数字广播都能够有效地覆盖广大区域,使得听众能够随时随地获取所需的实时信息。这种广泛的覆盖范围使得数字广播成为一种理想的实时信息传播工具,满足了不同地区、不同人群的信息需求。

## 第三节　我国数字广播技术发展的嬗变

### 一、初步探索阶段

在 20 世纪末,随着数字技术的快速发展和普及,我国开始关注数字广播技术的研发和应用。这一阶段,我国数字广播技术处于初步探索阶段,其主要特点包括实验性的广播节目制作和播出,以及在小范围内进行试点和推广。在这个阶段,我国科研机构和广播业界开始尝试将数字技术应用于广播领域。一些有远见的科研人员和工程师开始研究数字音频广播的原理和实现方法。他们深入了解数字音频编码标准,研究数字信号的传输和处理技术,为数字广播技术的实现奠定了基础。同时,一些广播电台也开始尝试制作和播出实验性的数字广播节目。这些实验性的节目通常采用数字音频格式进行录制和传输,具有更高的音质和更小的体积。相比传统的模拟广播,数字广播在音频质量、抗干扰能力和灵活性等方面展现出了明显的优势。为了更好地推广数字广播技术,我国还在一些城市进行了小范围的试点工作。这些试点通常选择一些发达城市或区域中心城市,设立专门的数字广播发射台,并推出一些有针对性的节目和服务。试点工作旨在探索数字广播技术的实际应用效果,积累经验,为进一步推广打下基础。

在初步探索阶段,我国数字广播技术还面临许多挑战和限制。数字广播设备的成本较高,普及率较低,而且当时的数字技术还不够成熟,存在一些技术难题和瓶颈。此外,当时的网络基础设施相对薄弱,限制了数字广播的传输范围和服务质量。尽管面临诸多挑战,初步探索阶段对于我国数字广播技术的发展仍具有重要意义。通过实验性的节目制作和播出以及小范围的试点工作,我国在数字广播技术的研发和应用方面积累了一定的经验,培养了一批专业的技术和业务人才。这些经验和人才为后续数字广播技术的进一步发展提供了宝贵的支持和推动力。此外,初步探索阶段还促使我国政府和相关部门开始关注数字广播技术的发展。他们意识到数字广播技术在媒体传播、公共服务等方面的巨大潜力,开始制定相关的政策措施,鼓励和支持数字广播技术的研发、推广和应用。这些政策措施为我国数字广播技术的进一步发展提供了重要的政策保障和支持。随着时间的推移,我国数字广播技术逐渐从初步探索阶段走向了逐步推广和高速发展阶段。数字技术的不断进步和完善,以及网络基础设施的持续建设和发展,为数字广播技术的广泛应用提供了有力支持。如今,我国数字广播已经成为一个重要的媒体平台,为广大听众提供高品质、多样化的音频内容和服务。

## 二、逐步推广阶段

进入 21 世纪,随着数字技术的不断成熟和市场的需求增长,我国数字广播技术开始进入逐步推广阶段。这一阶段的主要特点是数字广播技术在全国范围内的广泛应用,数字广播节目的数量和种类不断增加,以及数字广播接收设备的普及。在这个阶段,我国数字广播技术的发展步伐加快,更多的广播电台和媒体机构开始采用数字技术制作和播出节目。这一变化不仅增强了音频质量,还增强了节目的互动性和多样性。从新闻、音乐到综艺节目,各类数字广播内容层出不穷,满足了不同听众的需求。数字广播技术的广泛应用也推动了接收设备的普及。随着数字技术的进步,数字广播接收设备如数字收音机、车载收音机等逐渐进入普通家庭和交通工具中。这些设备能够接收和处理数字信号,提供更为清晰、稳定的音频效果,增强了听众的收听体验。在这个阶段,我国政府和相关部门也出台了一系列政策措施,鼓励和支持数字广播技术的推广和应用。这些政策措施包括资金支持、技术研发、市场培育等方面,为数字广播技术的进一步发展提供了政策保障和激励。同时,行业合作与交流也促进了数字广播技术的推广。各类广播电台、技术厂商、内容制作机构等开始加强合作与交流,共同探讨数字广播技术的发展趋势和应用前景。这种合作与交流不仅推动了技术创新,还促进了数字广播产业链的完善和发展。

逐步推广阶段还伴随着数字广播技术的不断升级和完善。随着技术的进步,数字广播在传输速度、覆盖范围、音频质量等方面取得了显著提升。同时,数字广播还开始探索与其他媒体的融合发展,如与网络广播、手机媒体的结合,为听众提供了更加多样化的收听渠道和互动方式。在这个阶段,数字广播的商业模式也逐步形成和完善。广播电台开始探索多元化的盈利模式,如广告投放、付费收听、定制化服务等方式。这些商业模式不仅为电台带来了新的收入来源,还促进了数字广播产业的可持续发展。逐步推广阶段对于我国数字广播技术的发展具有重要意义。这一阶段标志着数字广播技术在全国范围内的普及和应用,为后续的高速发展奠定了坚实基础。通过行业合作与交流、政策支持和商业模式创新,我国数字广播技术逐渐走向成熟,为听众提供了更为丰富、优质的音频内容和服务。然而,逐步推广阶段也面临一些挑战和限制。例如,数字广播技术的发展仍受制于技术标准和网络基础设施的制约;同时,随着智能手机的普及和其他新媒体的崛起,听众的收听习惯也在发生变化,对数字广播提出了更高的要求和挑战。

## 三、高速发展阶段

随着经济的快速发展和消费市场的不断升级,近年来我国数字广播技术进入了高速发展阶段。这一阶段的主要特点是数字广播技术的持续创新和完善,数字广播节目品质和内容的不断提升,以及数字广播在移动互联领域的广泛应用。在这个阶段,数字广播技术的创新成为推动发展的关键动力。广播机构和技术厂商不断投入资源进行技术研发,推动数字广播技术的进步。数字信号处理、传输技术和音频编码技术的创新,使得数字广播在音质、传输稳定性和覆盖范围等方面取得了显著提升。同时,随着人工智能、大数据等技术的应用,数字广播的内容制作和节目编排也得到了优化,为用户提供更加个性化、精准的音频内容。数字广播节目的品质和内容也在这个阶段得到了大幅提升。广播机构不断引进高素质人才,加强内容创作和编排,增强节目的品质和吸引力。从新闻资讯、音乐娱乐到文化访谈,各类高品质的数字广播节目不断涌现,满足了听众的多样化需求。同时,通过与社交媒体、网络平台的合作,数字广播节目也得以更加广泛的传播,吸引了更多年轻听众的关注和喜爱。

移动互联领域的广泛应用为数字广播的高速发展提供了广阔的空间。数字广播适应这一变化,积极开发移动应用、优化用户体验,使得用户能够随时随地收听心仪的节目。数字广播还与各类社交媒体、音频平台进行合作,实现节目的跨平台传播,扩大了用户覆盖面。

政府对数字广播技术的支持也在这一阶段发挥了重要作用。政府出台了一系列政策措施,鼓励和支持数字广播技术的研发、推广和应用。通过资金扶持、税收优惠等政策手段,政府为数字广播技术的发展提供了有力保障。此外,政府还加强了与国际社会的合作与交流,引进国外先进技术和管理经验,推动我国数字广播技术的国际竞争力提升。市场的变化和用户需求的升级也在推动数字广播技术的不断创新和升级。随着消费市场的竞争加剧,广播机构不断探索新的商业模式和盈利模式,以适应市场的变化。例如,通过与电商平台的合作,推出线上线下结合的营销策略;通过付费收听、会员制度等方式实现盈利的多元化。同时,用户对音频内容的需求也在不断升级,他们更倾向于选择高品质、个性化的节目和服务。数字广播技术不断创新和完善,以满足用户对更高品质、更多样化的内容和服务的需求。高速发展阶段为我国数字广播技术的发展带来了前所未有的机遇和挑战。机遇在于数字技术的不断创新和完善为数字广播提供了强大的支持;移动互联领域的广泛应用为数字广播打开了更广阔的市场空间;政策支持和市场需求的升级为数字广播提供了更多的发展动力。而挑战则来自激烈的市场竞争、技术更新换代的风险以及用户对更高品质内容和服务的需求压力。为了抓住机遇和应对挑战,我国数字广播行业需要进一步加强技术研发和创新投入,加强与国际社会的合作与交流,不断探索新的商业模式和盈利模式,注重用户体验和需求的研究与满足,加强行业自律和规范发展。只有这样,我国数字广播技术才能在高速发展的过程中保持健康、可持续的发展态势,为广大听众提供更加丰富、优质的音频内容和服务。

# 第三章 广播数字化转型的必要性及其影响

## 第一节 数字化转型对广播行业的推动作用

随着科技的不断发展,数字化转型已经成为各行各业不可或缺的进程。对于广播行业而言,数字化转型不仅仅是技术的革新,更是对传统业务模式的重塑与升级。

### 一、提升音质与传输质量

在模拟广播时代,音质受到多种因素的影响,如信号的强度、传输过程中的噪声和失真等,导致接收到的音质并不理想。数字广播的出现彻底改变了这一状况,通过一系列先进技术的运用,为听众带来了更加清晰、逼真的音质体验。首先,数字信号处理技术的运用是提升音质的关键。通过数字信号处理技术,可以对音频信号进行压缩、去噪、增强等处理,增强音频的清晰度和保真度。例如,采用先进的音频编码标准如 MP3 或 AAC,这些编码标准能够去除音频信号中不必要的信息,同时保留音质的关键部分,进一步减少了数据量并增强了传输效率。其次,数字信号传输技术的进步也为音质提升做出了贡献。数字信号传输技术能够将数字信号转换为适合传输的码流,并通过信道进行传输。与模拟信号传输相比,数字信号传输具有更高的抗干扰能力和更低的失真度。通过采用高效的调制方式和差错控制技术,数字广播能够减小传输过程中的噪声和失真,确保接收到的音频信号质量更加稳定可靠。除了数字信号处理和传输技术的运用外,广播数字化还推动了音频质量的标准化和规范化。通过制定统一的音频质量标准和规范,数字广播能够确保不同设备和服务之间的音频质量一致性和互操作性。这有助于增强听众对广播媒体的信任度和满意度,并促进了广播行业的整体发展。此外,广播数字化还为音质提升提供了更多的可能性。例如,通过采用高清晰度音频编解码器,数字广播能够提供更高质量的音频信号,如无损音质或接近无损的音频质量。这种高清晰度音频编解码器的应用满足了部分听众对于高品质音频的追求,为他们提供了更加细腻、真实的音质体验。总的来说,广播数字化对音质与传输质量的提升是多方面技术进步共同作用的结果。通过数字信号处理、传输技术和标准化规范的综合应用,数字广播不仅提供了更加清晰、逼真的音质体验,还确保了音频质量的可靠性和稳定性。这种核心变革不仅增强了广播媒体的竞争力,还为其在信息传播中占据更加重要的地位提供了有力支撑。

## 二、拓展传播渠道与覆盖范围

广播数字化在拓展传播渠道与覆盖范围方面所展现的变革性影响,不仅重塑了广播媒体的传统形态,更在媒体生态中赋予了广播新的战略地位。数字化技术打破了传统广播在时间和空间上的限制,使广播内容得以在更广泛的范围内传播,同时提供了更加多元、交互性的服务方式。首先,从传播渠道的角度来看,广播数字化推动了广播从单一频率传输向多平台、多渠道传播的转变。传统的模拟广播受限于特定的频率和地域,听众需要在特定的时间和地点才能接收到信号。而数字广播则可以利用互联网、移动通信等多种技术手段,将音频内容传输到各种智能设备中,如智能手机、平板电脑、车载系统等。这种跨平台的传播方式大大拓宽了广播的传播渠道,使得广播内容可以随时随地被听众获取。此外,社交媒体和移动应用的兴起也为数字广播提供了新的传播渠道。通过与社交媒体平台的融合,数字广播可以实现内容的二次传播和分享,听众可以将喜欢的节目分享到个人社交网络中,进一步扩大了广播内容的影响力。同时,移动应用的发展使得数字广播可以定制个性化的服务,如推送定制节目、提供互动功能等,增强了听众的黏性和参与度。其次,在覆盖范围上,广播数字化极大地扩展了广播的潜在受众群体。一方面,数字化技术增强了信号的传输质量和覆盖范围,使得广播信号可以覆盖更广的地域,甚至在全球范围内传播。另一方面,数字广播的多平台传播方式也降低了听众接收广播的门槛,不再需要特定的接收设备,只要有互联网连接或移动通信信号,就可以接收到数字广播的内容。

同时,数字广播还可以通过多种语言和文化的内容制作,打破地域和文化的限制,吸引更广泛的受众群体。例如,国际广播电台可以利用数字广播技术向全球范围内的目标受众提供多语种、多文化的节目内容,促进不同文化之间的交流和理解。除了拓宽传播渠道和扩大覆盖范围,广播数字化还促进了广播与其他媒体形式的融合和合作。在数字化时代,各种媒体形式之间的界限逐渐模糊,广播可以与电视、互联网、出版等多种媒体进行深度融合,形成全媒体传播的格局。例如,数字广播可以与电视节目进行互动合作,实现音视频内容的互补和增强;也可以与互联网平台合作,实现内容的跨平台传播和分享;还可以与出版机构合作,将优质的音频内容转化为图书、杂志等出版物形式进行推广和传播。

## 三、增强互动性与参与感

广播数字化所带来的互动性和参与感的增强,是广播媒体转型与创新的重要体现。在数字化技术的推动下,广播媒体不再局限于传统的线性传播模式,而是逐渐发展成为一种交互式的、参与式的媒体形态,实现了从单向传播向双向互动的转变。首先,数字化技术为广播媒体提供了更多的互动手段和方式。在传统的广播模式下,听众只能被动地接收信息,而无法直接与节目进行互动。但随着数字化技术的发展,听众可以通过电话、短信、社交媒体等多种方式与节目进行实时互动,参与到节目的讨论中,发表自己的观点和意见。这种互动不仅增强了听众的参与感,还使得广播媒体能够更加精准地了解听众的需求和反馈,为节目内容的改进和优化提供了依据。其次,数字化技术还为广播媒体提供了更加丰富的互动内容。通过与互联网、移动应用的结合,数字广播可以提供各种交互式的服务和功能,如在线调查、投票、竞猜等。这些互动内容不仅增强了节目的趣味性和参与度,还为广告主提供了更多与听众互动的机会和平台。除了与节目的实时互动,数字化技术还为听众提供了更多的参与途径和反馈机制。例如,听众可以通过在线评论区、社交媒体等渠道对节目内容进行讨论和评价,可以通过投票等方式参与节目选题和策划,甚至可以通过众筹等方式参与到广播节目的制作和运营中。这些参与途径为听众提供了更加深入的参与感和归属感,使他们成为广播节目的共建者和共享者。

这种互动性和参与感的增强对于广播媒体的影响是多方面的。首先,它增强了听众的忠诚度和黏性,使广播节目更加具有吸引力。其次,它有助于提升广播媒体的传播效果和影响力,使广播内容在更广泛的范围内传播和分享。最后,它还为广播媒体带来了商业价值和盈利模式的新思路,如通过与广告主的合作实现精准营销和品牌推广等。然而,这种互动性和参与感的增强也带来了一些挑战和问题。例如,如何保证互动内容的真实性和可信度、如何处理恶意言论和不良信息、如何平衡节目质量和互动需求等。这些问题需要广播媒体在实践中不断探索和解决。

## 四、实现精准推送与个性化服务

广播数字化在实现精准推送与个性化服务方面展现了显著的优势,为受众带来了前所未有的体验。通过数字化技术,广播媒体能够更加准确地了解受众的需求和喜好,为他们提供定制化的内容和服务,从而提升受众的满意度和忠诚度。首先,数字化技术为广播媒体提供了强大的数据分析和用户画像功能。在传统的广播模式下,受众反馈通常是基于有限的调查和抽样数据,难以全面准确地反映受众的实际需求。而数字化技术使得广播媒体能够实时收集和分析受众的行为数据,包括收听习惯、偏好、反馈等,从而更加准确地了解受众的喜好和需求。基于这些数据,广播媒体可以对受众进行精细化的分类和画像,为不同受众群体提供更加精准的内容和服务。其次,数字化技术为实现个性化推送提供了可能。通过大数据分析和人工智能技术,广播媒体可以根据每个受众的独特需求和喜好,为他们推送定制化的内容和服务。例如,根据用户的收听历史和偏好,智能算法可以推荐相似的节目或主题,实现个性化内容推荐。此外,通过与社交媒体的结合,广播媒体还可以根据用户的社交行为和个人兴趣,推送相关的话题和活动,增强受众的参与感和互动性。精准推送与个性化服务的实现还促进了广播媒体的多元化服务模式。传统的广播服务通常以线性传播为主,受众只能被动地接收节目。而数字化技术打破了这种模式,使得广播媒体能够提供更加多元化、交互式的服务。例如,数字广播可以根据受众的喜好和需求,提供点播、回听、轮播等多种服务模式,使受众能够随时随地选择自己感兴趣的内容。此外,通过与电商、广告等行业的合作,数字广播还可以实现精准营销和商业变现,为受众提供更加丰富的服务和体验。这种精准推送与个性化服务的实现对于广播媒体来说具有深远的意义。首先,它提升了受众的满意度和忠诚度。通过提供定制化的内容和互动服务,数字广播能够更好地满足受众的需求,使他们感受到个性化的关注和服务。其次,它促进了广播媒体的商业价值和盈利模式的创新。通过精准营销和个性化推荐,数字广播能够增强广告的投放效果和商业价值,实现更加有效的品牌推广和营销策略。最后,它还为广播媒体的长远发展提供了有力支撑。通过不断优化和创新服务模式和商业模式,数字广播能够适应不断变化的市场环境和受众需求,保持其在媒体竞争中的优势地位。然而,实现精准推送与个性化服务也面临一些挑战和问题。例如,如何保护用户隐私和数据安全、如何避免信息茧房效应和算法偏见、如何确保内容质量和客观性等。

## 五、创新商业模式与增加收入来源

广播数字化转型不仅重塑了广播媒体的传播形态和受众体验,还为其带来了创新商业模式与增加收入来源的契机。在数字化浪潮下,广播媒体需要紧跟时代步伐,探索多元化的商业模式和收入结构,以适应不断变化的市场环境。首先,数字化平台为广播媒体提供了开展在线付费收听业务的契机。在传统广播模式下,广告收入是主要的盈利来源,但随着广告市场的竞争加剧和监管政策的调整,广告收入的增长面临压力。而数字化平台使得广播媒体能够提供更加优质、个性化的内容和服务,吸引听众付费收听。通过在线付费收听,广播媒体不仅能够增强收入的稳定性,还能够培养听众的付费习惯,增强品牌认知度和忠诚度。其次,会员制度成为广播数字化转型的另一重要商业模式。通过推出会员制度,广播媒体可以为听众提供额外的增值服务和特权,如无广告收听、高清音质、优先参与线下活动等。这种会员制度能够增加听众的黏性和参与度,同时为广播媒体带来稳定的收入流。此外,虚拟礼品等打赏模式也为广播媒体提供了一种新的创收方式。通过鼓励听众对喜爱的节目或主持人进行打赏,广播媒体能够调动听众的互动热情,同时获得一定的经济回报。除了在线付费收听和会员制度,与电商、游戏的结合也为广播数字化转型带来了新的商业模式和收入来源。通过在节目中引入电商元素,广播媒体能够实现内容与商业的有机结合,为广告主提供更加精准、有效的营销服务。例如,听众可以在收听节目的同时,通过链接或二维码等方式购买节目中推荐的产品或服务。此外,与游戏的结合也为广播媒体带来了一定的创收机会。通过与游戏开发商合作,广播媒体可以在节目中插入互动游戏,吸引听众参与并获得一定的奖励。这种互动游戏模式能够提升节目的趣味性和参与度,同时为广播媒体带来一定的经济收益。

创新商业模式与增加收入来源对于广播数字化转型具有重要意义。首先,多元化的盈利模式能够降低广播媒体对传统广告收入的依赖,增强收入的稳定性和可持续性。其次,创新商业模式能够提升广播媒体的竞争力和品牌影响力,吸引更多的目标受众。最后,创新商业模式还能够为广播媒体提供更多的发展机会和空间,促进行业的转型升级和长远发展。然而,创新商业模式和增加收入来源也面临一些挑战和问题。例如,如何保证内容的质量和客观性、如何平衡商业利益与用户体验、如何应对新兴技术的冲击等。这些问题需要广播媒体在实践中不断探索和解决,以实现可持续的创新和发展。

## 六、整合资源与优化运营管理

数字化转型不仅仅是一个技术问题,更是一个管理问题。在广播媒体的数字化进程中,整合资源与优化运营管理成为核心议题。这关乎广播媒体的资源利用效率、节目质量和内部协同等多个层面,对于广播媒体的长远发展具有深远影响。首先,数字化技术为广播媒体提供了统一的管理和运营平台,这使得资源的配置和利用更加合理化、高效化。在传统的广播运营模式中,资源的调度和管理往往面临诸多困难,如信息沟通不畅、资源利用不均等。而数字化技术打破了这些障碍,使得广播媒体能够更加集中、统一地管理各种资源,包括人力、物力、财力等。这不仅增强了资源的利用效率,还降低了运营成本,为广播媒体带来了更大的发展空间。其次,数字化技术实现了节目制作、编排和播出等环节的自动化和智能化,极大地增强了工作效率。在传统的广播制作流程中,各个环节往往需要大量的人工参与,不仅效率低下,而且容易出错。数字化技术通过自动化和智能化的方式,将各个环节有机地结合起来,减少了人工干预,增强了工作效率和质量。这不仅缩短了节目制作周期,还为广播媒体提供了更多的节目内容和播出时间。此外,数字化转型还有助于加强广播机构内部各部门之间的协作与沟通。在传统的广播机构中,各部门之间往往存在信息隔阂和沟通障碍,这影响了工作效率和团队凝聚力。而数字化技术提供了一个统一的平台,使得各部门之间的信息流通更加顺畅,加强了团队协作和沟通。这不仅增强了工作效率,还有助于形成良好的组织文化和工作氛围。然而,整合资源与优化运营管理也面临一些挑战和问题。例如,如何保证数字化转型过程中的人员安置和转岗问题、如何应对新技术带来的安全和隐私保护问题、如何建立适应数字化转型的组织结构和文化等。这些问题需要广播媒体在实践中不断探索和解决,以实现资源的合理配置和运营管理的持续优化。

## 七、提升应急广播能力与公共服务水平

数字化转型为广播媒体在应对突发事件和提供公共服务方面赋予了更强

的灵活性和及时性,这不仅是技术进步的体现,更是广播媒体社会责任和功能拓展的重要表现。在当今信息化社会,广播作为大众传播媒介的一种,其在应急广播和公共服务领域的角色日益凸显。

首先,数字化转型显著提升了广播媒体的应急广播能力。在面对自然灾害、事故灾难等突发事件时,快速、准确地发布信息对于减少损失、保障人民生命财产安全至关重要。数字广播通过其高效的信息传输和处理能力,能够在第一时间将紧急信息传达给公众,为公众提供预警和指导。这种即时性的信息传播方式,使得广播媒体在应急管理中发挥着不可替代的作用。其次,数字化广播还能提供更加丰富多样的公共服务信息,满足公众多样化的信息需求。公共服务是政府的基本职能之一,而广播媒体作为政府与公众之间的桥梁,其在提供公共服务信息方面具有天然的优势。数字化转型使得广播媒体能够提供更加多样化、个性化的公共服务信息,如天气预报、交通信息、健康知识等。这些信息不仅满足了公众的日常生活需求,还有助于增强公众的生活质量和幸福感。此外,数字化转型还促进了广播媒体与其他公共服务机构的合作与协同。通过与政府、医疗机构、教育机构等的合作,数字广播能够提供更加全面、深入的公共服务信息。例如,在疫情防控期间,数字广播可以与医疗机构合作,发布疫情防控指南和健康知识,增强公众的防疫意识和能力。这种跨部门的合作与协同,使得广播媒体在公共服务领域的作用更加突出。然而,提升应急广播能力与公共服务水平也面临一些挑战和问题。例如,如何确保紧急信息的准确性和可信度、如何平衡商业利益与公共利益、如何适应不同受众群体的信息需求等。这些问题需要广播媒体在实践中不断探索和解决,以实现应急广播和公共服务的持续优化和提升。

## 八、促进广播行业创新发展

### (一)技术创新提升广播节目的质量和观众体验

技术创新在提升广播节目的质量和观众体验方面发挥了至关重要的作用。随着数字化技术的不断发展,广播节目的制作和传输方式发生了深刻的变化,为观众带来了更加优质和多样化的视听体验。第一,技术创新为广播节目的制作提供了更加高效和稳定的技术基础。传统的模拟信号传输方式容易受到干扰,导致信号质量不稳定,而数字信号传输具有更高的抗干扰能力和稳定性,确保了广播节目的清晰度和流畅度。这使得听众在收听广播节目时能够获得更加出色的音质效果,增强了听众的听觉体验。第二,技术创新还丰富了广播节目的内容和形式。数字化技术的应用使得广播制作人员可以充分利用各种声音元素和音效来创作出更加丰富多彩的节目内容。通过数字音频工作站、音频编辑软件等工具,制作人员可以对声音进行精细的处理和编辑,创造出更加完美的听觉效果。此外,虚拟现实(VR)、增强现实(AR)等先进技术的应用也使得广播节目能够呈现出更加丰富的内容和形式。听众可以通过VR设备或手机应用程序来沉浸在虚拟的世界中,感受身临其境的视听体验,增强了与节目的互动性和参与感。第三,技术创新在提升广播节目的互动性和社交性方面也发挥了重要作用。数字化技术使得广播媒体能够与听众进行实时互动,通过社交媒体平台与听众进行交流和反馈。第四,技术创新还推动了广播节目的个性化推荐和服务。

## (二)拓展传播渠道和受众范围

数字化转型对广播行业的传播渠道和受众范围产生了深刻的影响。随着互联网和智能终端的普及,广播节目得以突破传统的播出方式,拓展了更广阔的传播空间。这一变革不仅为广播媒体带来了更多的机会,也使得节目能够触及更广泛的受众群体。首先,互联网成为广播节目传播的主要渠道之一。在线广播使得听众可以在任何时间、任何地点收听广播节目,不再受限于传统的收音机设备。通过电脑、手机、平板等智能终端,听众可以轻松访问各类在线广播平台,随时随地收听自己喜欢的节目。这种传播方式的变革使得广播媒体的覆盖面得到了极大的拓展,吸引了大量年轻听众的关注。其次,网络直播成为一种新兴的广播传播方式。通过网络直播,广播媒体可以实时传送节目内容,与听众进行实时互动。这种传播方式不仅增强了节目的即时性,还为听众提供了更加丰富的参与体验。听众可以通过聊天室、弹幕等方式与主持人或其他听众进行交流,发表自己的观点和感受。这种互动性的增强进一步拉近了媒体与观众的距离,提升了节目的传播效果。此外,社交媒体也成为广播节目传播的重要渠道。社交媒体平台如微博、微信、抖音等拥有庞大的用户基础,广播媒体通过在这些平台上发布节目内容、与听众互动,能够吸引更多的关注和听众。通过社交媒体的分享功能,广播节目还可以实现病毒式传播,迅速扩大节目的影响力。这种传播方式不仅降低了广播媒体的宣传成本,还为媒体带来了更多的用户数据和市场反馈,有助于更好地了解受众需求。

除了拓展传播渠道,数字化转型还促进了广播媒体与各类新媒体平台的合作。例如,广播媒体可以与音乐平台合作,将节目内容以音频或视频的形式呈现给更广泛的受众群体;可以与智能家居设备进行整合,通过智能音响、电视等设备推送广播节目;还可以与车载导航系统结合,为驾驶员提供实时路况信息、天气预报等实用服务。这些合作模式不仅丰富了广播节目的传播形态,还进一步拓展了受众范围,增强了节目的覆盖率。数字化转型对广播行业的传播渠道和受众范围的拓展具有重要意义。通过互联网、网络直播、社交媒体等多元化的传播方式,广播媒体能够触及更广泛的受众群体,提升节目的传播力和影响力。同时,这种传播方式的变革也为广播媒体带来了更多的商业机会和合作伙伴关系。未来随着技术的不断进步和创新,广播行业的传播渠道和受众范围还有望进一步拓展,为行业的可持续发展注入新的活力。

### (三)促进与新媒体的融合发展

新媒体平台的崛起为广播媒体提供了更多的传播渠道和互动方式,使得广播节目能够覆盖更广泛的受众群体,实现更加个性化和精准化的传播。首先,新媒体平台为广播媒体提供了多元化的传播渠道。传统的广播媒体主要依赖于收音机进行传播,而数字化转型使得广播媒体可以通过网络电台、移动应用等新媒体平台进行传播。这些新媒体平台具有广泛的用户基础和强大的传播能力,能够将广播节目推送给更多的潜在听众。通过与新媒体平台的合作,广播媒体可以拓展自己的传播渠道,扩大节目的覆盖范围,增强节目的收听率。其次,新媒体平台还为广播媒体提供了更多的互动方式。数字化转型使得广播媒体能够借助新媒体平台的优势实现与听众的实时互动。通过网络直播、在线点播等方式,广播媒体可以突破传统播出时间的限制,实现随时随地的传播。听众可以通过网络平台实时发表自己的观点和意见,与其他听众进行交流和讨论。这种互动性的增强不仅提升了节目的参与度和黏性,还为广播媒体提供了宝贵的用户数据和市场反馈,有助于更好地满足受众需求。此外,新媒体平台还为广播媒体提供了个性化和精准化的传播方式。通过大数据分析技术,广播媒体可以对用户进行精准画像,了解他们的收听习惯、偏好和需求。基于这些数据,广播媒体可以向听众推荐他们感兴趣的节目和内容,提供更加个性化的服务。数字化转型促进了广播与新媒体的融合发展,对广播行业的传播方式、受众范围、商业模式等产生了深刻的影响。广播媒体需要抓住这一历史机遇,积极探索与新媒体的融合发展路径,提升自身的传播力和影响力。同时,广播媒体还需要不断适应市场需求和用户变化,创新节目内容和形式,提升服务质量,以应对新媒体时代带来的挑战和压力。在数字化转型的推动下,广播与新媒体的融合发展将继续深入推进。未来,随着技术的不断演进和创新,广播媒体将借助新媒体平台的优势拓展更广阔的发展空间。一方面,广播媒体将借助智能终端和移动互联网的普及,实现更加个性化和精准化的传播;另一方面,广播媒体将借助社交媒体的互动性和参与性,提升节目的互动性和黏性。

## (四)创新业务模式和服务形态

传统的广播媒体主要依赖于广告收入作为主要的商业模式,但随着数字化转型的推进,广播媒体开始探索更加多元化的商业模式和服务形态,以满足听众的多样化需求,并提升自身的商业价值。首先,数字化转型推动了广播媒体的个性化推荐和服务。这种个性化推荐和服务不仅增强了听众的满意度和忠诚度,还为广播媒体带来了更多的商业机会和收入来源。例如,广播媒体可以与电商平台合作,向听众推荐相关的商品或服务,实现内容与商业的有机结合。这种模式不仅丰富了广播节目的内容和服务形态,还为媒体带来了更多的收入来源,促进了行业的可持续发展。其次,数字化技术还促进了广播媒体的互动性和社交性。通过与社交媒体的结合,广播媒体可以与听众进行实时互动,收集反馈信息,及时调整节目内容和形式,提升用户体验。这种互动性的增强不仅拉近了媒体与观众的距离,还为广播媒体提供了宝贵的用户数据和市场反馈,有助于更好地满足受众需求。例如,广播媒体可以在节目中设置互动环节,让听众通过社交媒体平台参与互动,发表自己的观点和意见。这种互动模式不仅提升了节目的参与度和黏性,还为媒体带来了更多的商业合作机会。此外,数字化转型还推动了广播媒体的跨平台传播和服务。随着移动互联网的普及和智能终端的广泛应用,听众的收听习惯和偏好也在不断变化。广播媒体需要紧跟市场需求和用户变化,不断拓展自身的传播渠道和服务形态。例如,广播媒体可以在多个平台上提供在线直播、点播、回听等服务,满足听众在不同场景下的收听需求。同时,广播媒体还可以通过与各类平台的合作,实现内容的多元化生产和传播,提升自身的商业价值。另外,数字化转型也促进了广播媒体的版权管理和知识产权保护。随着数字化技术的广泛应用,广播节目的复制和传播变得更加容易,但也面临着盗版和侵权的风险。为了保护自身的知识产权和商业利益,广播媒体需要加强版权管理和知识产权保护措施。例如,通过数字水印、加密等技术手段防止盗版和侵权行为的发生;加强与相关部门的合作和沟通,共同打击侵权行为。

# 第二节　技术创新在数字化转型中的作用

## 一、技术创新对内容制作的影响

### (一)数字化工作站和非线性编辑器的应用

数字化工作站和非线性编辑器的应用在广播媒体的数字化转型中发挥了至关重要的作用。这些技术的应用不仅增强了内容制作效率,还为广播媒体带来了更加丰富和灵活的内容表现形式。首先,数字化工作站的应用为广播媒体的内容制作提供了高效、稳定和可靠的解决方案。数字化工作站采用计算机技术,将传统的模拟信号转换为数字信号,实现了对音频、视频等多媒体素材的数字化处理和管理。通过数字化工作站,制作人员可以更加方便地编辑、合成和制作广播节目,大大增强了制作效率和质量。同时,数字化工作站还具有强大的兼容性和可扩展性,可以与各种外部设备进行连接和整合,进一步丰富了内容制作的手段和素材来源。其次,非线性编辑器的应用为广播媒体的内容制作带来了更加灵活和丰富的表现形式。非线性编辑器采用数字技术,可以对音频、视频等多媒体素材进行随意地剪辑、拼接和修改,而且不会产生信号损失和音质、画质的降低。通过非线性编辑器,制作人员可以更加自由地发挥创意和想象力,将各种素材进行任意组合和编辑,制作出更加丰富多彩的广播节目。同时,非线性编辑器还支持各种特效、字幕和动画功能,可以为广播节目添加更加炫酷的视觉效果,提升节目的观赏性和吸引力。此外,数字化工作站和非线性编辑器的应用还为广播媒体带来了更加广泛和多样的传播渠道。通过与互联网、移动互联网和社交媒体的结合,广播媒体可以突破传统的收音机限制,将节目传播到更加广泛和多样化的受众群体中。数字化工作站和非线性编辑器支持多种格式输出,可以方便地将节目传输到不同的平台和终端上,满足不同用户的需求和收听习惯。这种传播渠道的拓展不仅扩大了节目的覆盖范围和影响面,还为广播媒体带来了更多的商业机会和收入来源。

## (二)虚拟现实和增强现实技术的融合

虚拟现实和增强现实是近年来迅速发展的两项技术,它们为广播媒体的数字化转型提供了新的可能性。随着这些技术的融合,广播媒体的内容制作、传播方式和用户体验得到了极大的拓展和提升。首先,虚拟现实技术为广播媒体提供了一种沉浸式的体验方式。通过头戴式设备,用户可以置身于一个完全由计算机生成的三维环境中,感受到逼真的视听效果。这种技术可以将广播节目的内容以更加生动、立体的方式呈现出来,使用户仿佛身临其境地参与到节目中。例如,在新闻报道中,虚拟现实技术可以模拟出事件发生的真实场景,使用户能够从第一人称的角度感受新闻现场的气氛。在音乐节目中,虚拟现实技术可以创造出独特的音乐空间,使听众沉浸在音乐的世界中。增强现实技术则可以将虚拟的元素与现实世界进行无缝融合,通过手机或专用设备,将计算机生成的图像、信息与真实环境相结合。在广播媒体中,增强现实技术可以为用户提供更加丰富、个性化的内容。例如,在体育节目中,增强现实技术可以将虚拟的球员、场地等元素与真实的球场相结合,为用户提供多角度、全面的观赛体验。在教育节目中,增强现实技术可以将虚拟的教学内容与现实环境相融合,提供更加生动、形象的学习体验。

随着虚拟现实和增强现实技术的融合,广播媒体的内容制作和传播方式得到了进一步的拓展和提升。这种融合技术不仅提供了更加丰富、立体的内容表现形式,还为用户带来了更加沉浸式的体验。通过这种技术,广播媒体能够更好地满足用户的多样化需求,提升节目的互动性和参与度。一方面,这种融合技术使得广播媒体的内容制作更加高效、灵活。制作人员可以利用虚拟现实技术创建出逼真的虚拟场景和角色,利用增强现实技术将虚拟元素与真实环境相融合,丰富了节目的视觉效果和表现形式。同时,这种技术降低了制作成本和时间,增强了制作效率,使得制作人员能够更加快速地响应市场需求和变化。另一方面,这种融合技术也增强了用户的参与感和互动性。通过沉浸式的体验和个性化的内容呈现,用户能够更加深入地参与到节目中,与节目进行互动。这种互动性不仅增强了用户的参与度和忠诚度,还为广播媒体带来了更多的商业机会和收入来源。例如,在互动节目中,用户可以通过增强现实技术进行投票、竞猜等互动环节,增加节目的趣味性和参与度。同时,这种技术还可以为广告投放提供更加精准的目标用户群体,增强广告的转化率和效果。此外,虚拟现实和增强现实技术的融合还为广播媒体带来了更多的商业模式和收入来源。通过开发与节目相关的虚拟商品、游戏等衍生品,广播媒体可以拓展自己的商业模式,满足用户的个性化需求。

## (三)内容制作效率的增强和品质的提升

在广播媒体的数字化转型中,内容制作效率的增强和品质的提升主要得益于技术创新的推动。数字化技术、非线性编辑系统、自动化内容管理系统等的应用,为内容制作带来了前所未有的便利和高效。首先,数字化技术的应用使得内容制作更加高效。传统的模拟制作方式需要耗费大量的时间和人力,而且容易出错。数字化技术将内容转化为数字信号,便于存储、传输和处理。这使得内容制作人员可以更加快速地编辑、合成和发布节目,增强了制作效率。数字化技术还可以实现多平台发布,使得广播媒体能够更好地适应互联网时代的需求。此外,自动化内容管理系统的应用也是增强内容制作效率的重要手段。这种系统可以通过自动化流程减少重复和不必要的步骤,增强制作效率。这不仅可以增强制作效率,还可以保证内容的品质和一致性。

除了增强效率,技术创新还对内容品质的提升起了重要作用。首先,数字化技术可以提供更加清晰的音质和画质。与传统的模拟信号相比,数字信号在传输过程中不会产生失真,保证了音频和视频的质量。这使得广播节目的音质更加纯净、清晰,视觉效果更加生动、逼真。其次,非线性编辑系统可以提供更加丰富的特效和字幕功能。通过非线性编辑系统,制作人员可以灵活地添加各种特效、字幕和动画效果,提升了节目的观赏性和吸引力。这些功能可以为节目增加更多的表现力和创意性,满足用户对高品质内容的需求。另外,自动化内容管理系统可以保证内容的品质和一致性。通过系统的分类、标签化管理,制作人员可以快速查找和利用已有的内容资源。这避免了重复制作和不必要的失误,保证了内容的品质和一致性。同时,系统还可以对内容进行审核、把关,确保内容的合规性和准确性。

## 二、技术创新对传播渠道的拓展

### (一) 互联网和移动互联网的普及

互联网和移动互联网的普及为广播媒体的数字化转型提供了广阔的发展空间和无限的可能性。这种普及不仅改变了人们的信息消费习惯,还为广播媒体的创新发展提供了强大的技术支持和平台。首先,互联网和移动互联网的普及使得信息传播更加快速和广泛。传统的广播媒体受限于播出时间和覆盖范围,而互联网和移动互联网打破了这些限制。广播媒体可以通过在线平台进行实时直播,覆盖更广泛的受众群体。同时,用户也可以随时随地通过移动设备访问广播内容,打破了时间和空间的限制。这种信息传播的快速性和广泛性为广播媒体带来了更多的用户基础和影响力。其次,互联网和移动互联网的普及促进了广播媒体与用户的互动。在线平台提供了评论、点赞、分享等功能,使用户能够实时参与节目互动。同时,通过数据分析和技术支持,广播媒体可以更好地了解用户需求和偏好,为用户提供更加个性化、精准的内容和服务。此外,互联网和移动互联网的普及还为广播媒体带来了更多的商业模式和收入来源。除了传统的广告收入,广播媒体还可以通过在线直播、付费收听、会员制度等方式获得更多的商业机会。例如,广播媒体可以在线销售音乐会门票、提供付费音乐下载等增值服务,满足用户的个性化需求。这种多元化的商业模式不仅增加了媒体的收入来源,还提升了用户体验和忠诚度。同时,互联网和移动互联网的普及也推动了广播媒体的多元化发展。广播媒体可以利用互联网和移动互联网平台,拓展自己的内容领域和服务范围。例如,广播媒体可以推出自己的应用程序或微信公众号,提供更加丰富、个性化的内容和服务。这种多元化的发展不仅可以满足用户的不同需求,还可以增强广播媒体的竞争力和市场地位。

并且,互联网和移动互联网的普及还促进了广播媒体的跨界融合和创新探索。与传统媒体相比,互联网和移动互联网平台具有更加开放、灵活的特性,使得广播媒体可以与其他行业进行跨界合作和创新尝试,还可以尝试将直播互动与社交媒体相结合,打造更加生动、有趣的互动体验。这种跨界融合和创新探索不仅可以拓展广播媒体的业务范围和市场空间,还可以为用户带来更加丰富、多元的内容和服务体验。

## （二）社交媒体平台的崛起

社交媒体平台如微博、微信、抖音等以其强大的社交属性和内容传播能力,吸引了大量用户的关注和使用。这种崛起不仅改变了信息传播的方式和用户的消费习惯,还为广播媒体的创新发展提供了新的机遇和挑战。首先,社交媒体平台的崛起使得信息传播更加快速和广泛。与传统媒体相比,社交媒体平台具有更加开放、灵活的特性,使得信息可以在瞬间传递给大量用户。这种快速传播的特点为广播媒体提供了更多的传播渠道和推广机会。广播媒体可以通过社交媒体平台进行内容推广、品牌宣传和用户互动,覆盖更广泛的受众群体。同时,社交媒体平台还可以根据用户兴趣和行为进行精准推送,增强内容的针对性和传播效果。其次,社交媒体平台的崛起促进了广播媒体与用户的互动。这种互动性增强了用户的参与感和归属感,增强了用户的忠诚度和黏性。广播媒体可以通过社交媒体平台与用户进行实时交流,了解用户需求和反馈,优化内容和服务。此外,社交媒体平台还可以为广播媒体提供数据分析和技术支持,更好地了解用户行为和偏好,为个性化服务和精准营销提供依据。此外,社交媒体平台的崛起还促进了广播媒体的多元化发展。广播媒体可以利用社交媒体平台拓展自己的内容领域和服务范围。例如,广播媒体可以在社交媒体平台上开设自己的官方账号,发布实时新闻资讯、节目预告和互动活动等内容;还可以通过社交媒体平台与其他行业进行跨界合作和创新尝试,推出基于音频的内容和服务。

## （三）跨平台传播和互动的增强

技术创新在广播媒体的数字化转型中,不仅提升了内容制作效率与品质,还对传播渠道产生了深远影响。特别是跨平台传播和互动的增强,为广播媒体带来了前所未有的机遇和挑战。跨平台传播的崛起得益于技术创新的推动。随着互联网和移动互联网的普及,用户的信息消费习惯发生了巨大变化,他们不再局限于传统的收听方式,而是追求更加便捷、多元化的渠道。为了满足用户的需求,广播媒体需要不断拓展传播渠道,实现跨平台传播。跨平台传播意味着广播媒体可以在多个平台上进行传播,包括互联网广播、手机APP、社交媒体等。这种传播方式打破了时间和空间的限制,使用户可以随时随地收听广播节目。然而,跨平台传播也带来了一些挑战。首先,不同平台的受众特征和消费习惯存在差异,广播媒体需要根据不同平台的特点进行内容制作和传播策略的调整。这需要媒体具备更加灵活的运营能力和创新思维。其次,跨平台传播需要解决不同平台之间的技术对接和数据整合问题。如何实现不同平台之间的无缝对接,为用户提供一致的收听体验,是广播媒体面临的重要技术挑战。这需要广播媒体加强与技术提供商的合作,不断探索新的技术手段和解决方案。

除了跨平台传播的增强,技术创新还推动了互动的升级。传统的广播媒体主要以单向传播为主,用户只能被动地接收信息。而现在,随着互联网和移动互联网的发展,用户不再满足于单向的接收方式,他们渴望参与到信息的生产和传播中,与媒体进行互动。

技术创新为广播媒体提供了更多的互动方式和手段。例如,通过社交媒体平台,用户可以直接与节目主持人进行在线交流,发表自己的观点和看法。这种实时互动不仅增强了用户的参与感和归属感,还为广播媒体提供了丰富的素材和反馈信息,有助于优化内容制作和提升节目质量。此外,基于人工智能技术的智能语音助手也成为广播媒体与用户互动的新方式。用户可以通过智能语音助手轻松地收听广播节目、查询信息、进行语音互动等操作。这种互动方式为用户提供了更加便捷、智能的服务体验,也为广播媒体开拓了新的互动模式和商业模式。

## 三、技术创新对商业模式和收入来源的变革

### (一)广告模式的转型和创新

传统的广播广告主要以时段广告为主,即在特定的时间段内播放广告,这种模式存在着受众定位不准确、广告效果难以衡量等问题。而随着大数据和人工智能等技术的发展,广播媒体可以通过数据分析和用户画像等手段,更加精准地定位受众群体,实现广告的精准投放。这种精准投放不仅增强了广告的传播效果,还为广告主提供了更加可靠的投放渠道和数据支持。其次,技术创新为广播媒体带来了更多的广告形式和商业模式。除了传统的时段广告,广播媒体还可以通过植入式广告、品牌合作、线上线下互动等多种方式进行广告推广。例如,广播媒体可以与品牌进行合作,在节目中进行品牌植入或者举办品牌活动,实现品牌与节目的深度融合。这种合作模式不仅可以增强品牌

的知名度和美誉度,还可以为广播媒体带来可观的商业收入。此外,技术创新还推动了广播媒体的跨界融合和多元化发展。广播媒体可以利用互联网和移动互联网平台,与其他行业进行跨界合作和创新尝试,探索新的商业模式和收入来源。例如,广播媒体可以与电商、旅游、教育等领域进行合作,推出基于音频的内容和服务,实现商业模式的创新和多元化发展。同时,技术创新也要求广播媒体不断提升自身的技术能力和运营水平。随着大数据、人工智能等技术的不断发展,广播媒体需要加强对数据的收集、分析和应用能力,增强广告的精准投放和效果评估水平。此外,广播媒体还需要加强与广告主、技术提供商等的合作与交流,共同推动行业的数字化转型和可持续发展。

### (二)与电商平台的结合模式

随着互联网和移动互联网的普及,电子商务已成为人们日常生活中不可或缺的一部分。广播媒体作为传统的信息传播渠道,与电商平台的结合成为其商业模式创新的重要方向之一。这种结合模式不仅为广播媒体提供了新的收入来源,还进一步拓展了其与受众的互动方式和商业价值。首先,广播媒体与电商平台的结合可以实现跨界的资源整合。广播媒体拥有广泛的受众群体和品牌影响力,而电商平台则拥有丰富的商品资源和交易能力。通过合作,广播媒体可以在节目中引入电商平台上的商品和服务,为受众提供更加便捷、多样的消费选择。这种合作模式不仅增加了广播媒体的广告收入,还为其打开了新的商业模式和盈利空间。其次,与电商平台的结合有助于增强广播媒体的互动性和用户体验。在传统的广播节目中,受众只能被动地接受信息,而无法直接参与购买或互动。通过与电商平台的结合,受众可以在节目中通过扫描二维码、点击链接等方式直接进入商品页面进行购买或参与互动活动。这种即时的互动体验不仅增强了受众的参与感和忠诚度,还为广播媒体带来了更多的商业机会和收入来源。此外,与电商平台的结合还有助于广播媒体进行用户画像和数据分析。通过与电商平台的合作,广播媒体可以获取用户的购买记录和行为数据,从而更加精准地分析受众需求和市场趋势。这种数据分析能力不仅有助于优化节目内容和增强传播效果,还可以为广告主提供更加可靠的数据支持和服务。

### (三)商业模式的多元化和创新

在数字化时代,商业模式和收入来源的多元化和创新是广播媒体适应市场需求和保持竞争力的关键。技术创新为广播媒体带来了前所未有的机遇，推动其从传统的广告模式向更广泛、更灵活的商业模式转变。首先，技术创新为广播媒体带来了商业模式的多元化。传统的广播媒体主要依赖广告收入，而技术创新使得广播媒体可以探索更多元的商业模式。通过与这些行业的合作，广播媒体可以拓展自己的受众群体和收入来源，实现商业模式的创新和多元化。此外，技术创新还推动了广播媒体与移动互联网的深度融合。随着智能手机的普及，越来越多的用户通过移动设备收听广播节目。广播媒体可以利用移动互联网的优势，推出移动应用程序、在线直播、点播回放等功能，为用户提供更加便捷、个性化的收听体验。这种融合不仅增强了广播媒体的覆盖率和影响力，还为其带来了更多的商业机会和合作伙伴。

同时，技术创新也促进了广播媒体的个性化服务和定制化营销。通过大数据和人工智能等技术手段，广播媒体可以对用户进行精准画像和行为分析，从而提供更加贴合用户需求的个性化内容和服务。例如，根据用户的收听习惯和兴趣偏好，广播媒体可以为用户推荐相关的节目、活动和商品，实现定制化营销和个性化服务。这种模式不仅增强了用户的满意度和忠诚度，还为广播媒体带来了更多的商业机会和合作伙伴。

## 四、技术创新对用户画像和数据分析的推动

### (一)大数据技术的应用和发展

随着大数据技术的快速发展和应用，广播媒体逐渐认识到数据在商业决策中的重要价值。通过对海量数据的收集、分析和应用，广播媒体可以更加精准地了解受众需求、市场趋势和商业机会，进而优化内容制作、增强用户体验、开拓新的商业模式。首先，大数据技术为广播媒体提供了更全面、深入的用户画像。通过分析用户的收听行为、互动数据、社交媒体信息等，广播媒体可以构建出多维度的用户画像，包括用户的年龄、性别、兴趣偏好、收听习惯等。这种精准的用户画像可以帮助广播媒体更加准确地定位受众群体，优化节目内容，增强传播效果。其次，大数据技术有助于提升广播媒体的数据处理和分析能力。传统的数据处理方式往往难以应对海量的数据规模和复杂的数据结构，而大数据技术则能够高效地处理和分析这些数据。通过运用大数据技术，广播媒体可以对海量数据进行实时监测和分析，快速发现市场趋势和用户需

求变化,为商业决策提供有力支持。此外,大数据技术还推动了广播媒体的个性化服务和定制化营销。

### (二)用户画像的精准定位和分析

在数字化时代,用户画像的精准定位和分析已成为广播媒体提升竞争力的重要手段。通过技术创新,广播媒体能够更加深入地了解受众需求、行为特征和兴趣偏好,从而更好地定位目标受众并提供定制化的内容和服务。首先,技术创新为广播媒体提供了更加精细化的数据来源和分析工具。传统的用户调查和抽样统计方法难以获取全面、准确的数据,而现代技术手段如大数据、云计算、人工智能等,使得广播媒体能够实时收集、处理和分析海量数据。这些数据来源包括用户收听记录、互动行为、社交媒体信息等,涵盖了用户的多个维度,为精准的用户画像提供了有力支持。其次,技术创新推动了用户画像的动态更新和优化。传统的用户画像往往是静态的,难以实时反映用户需求的变化。而通过技术创新,广播媒体能够实现用户画像的动态更新,及时捕捉用户需求的变化并调整内容和服务策略。例如,通过分析用户的收听历史和实时数据,广播媒体可以发现用户的收听习惯和兴趣偏好的变化,从而调整节目编排和内容推荐,增强用户黏性和满意度。此外,技术创新还促进了用户画像与其他数据的整合与关联。用户画像只是了解用户的一种手段,与其他数据的整合能够提供更全面的用户视图。例如,将用户画像与市场数据、竞品分析等数据相结合,广播媒体可以更深入地了解市场趋势和竞争格局,为战略决策提供有力支持。

### (三)数据驱动的决策和个性化服务

在数字化时代,数据已经成为广播媒体的核心资产。通过技术创新,广播媒体能够收集、处理和分析海量数据,进而实现数据驱动的决策和个性化服务。这不仅有助于增强用户体验,还能够开拓新的商业模式和收入来源。首先,技术创新为广播媒体提供了更加强大的数据收集和分析能力。通过数据分析,广播媒体可以更加精准地了解受众需求、行为特征和兴趣偏好,进而制定更加科学、合理的内容制作和营销策略。其次,技术创新推动了数据驱动的决策和个性化服务的实现。基于数据分析的结果,广播媒体可以制订更加精细化的内容制作和营销计划,增强内容质量和用户体验。例如,根据用户画像和数据分析,广播媒体可以智能推荐相关的节目和活动,或者为用户定制专属的音频内容。这种个性化服务和定制化营销不仅能够增强用户体验和满意度,还能够为广播媒体带来更多的商业机会和合作伙伴。

此外,技术创新还促进了数据驱动的决策和个性化服务的创新和优化。通过不断收集和分析用户反馈和市场数据,广播媒体可以及时调整和完善内容制作和营销策略,增强决策的科学性和准确性。同时,技术创新还为广播媒体提供了更加灵活、高效的内容制作和分发平台,使其能够快速响应市场变化和用户需求,提升自身的竞争力和创新能力。

### (四)增强运营效率和商业价值的提升

技术创新在推动用户画像和数据分析方面发挥着至关重要的作用,进而对广播媒体的运营效率和商业价值产生深远影响。通过运用先进的技术手段,广播媒体能够优化内部运营,增强工作效率,降低成本;同时,基于精准的用户画像和数据分析,开拓更多商业机会和合作伙伴,实现商业价值的提升。首先,技术创新为广播媒体提供了更加智能化的运营管理工具。传统的运营管理方式往往依赖人工操作和经验判断,效率低下且容易出错。而现代技术手段如人工智能、机器学习等,可以实现自动化、智能化的运营管理。例如,通过智能化的排期系统,自动安排节目播出计划;通过智能化的监测系统,实时监测节目质量和传输状况。这些智能化的运营管理工具不仅能够增强工作效率、降低成本,还能够减少人为错误、提升运营质量。其次,技术创新通过用户画像和数据分析,增强商业决策的科学性和准确性。传统的商业决策往往基于经验和个人判断,缺乏科学的数据支持。而通过用户画像和数据分析,广播媒体可以更加全面、深入地了解受众需求和市场趋势,为商业决策提供有力支持。例如,根据用户画像和数据分析,广播媒体可以更加精准地进行广告投放和营销推广,增强广告效果和营销效益;同时,根据市场趋势和竞品分析,制定更加科学、合理的市场策略和定价策略。这些基于数据的商业决策有助于提升商业价值和盈利能力。此外,技术创新还为广播媒体开拓了更多的商业机会和合作伙伴。通过大数据分析和技术手段,广播媒体可以深入挖掘用户的消费偏好和潜在需求,从而与相关行业进行合作,提供更加丰富的产品和服务。例如,与电商、在线教育、游戏等行业合作,推出基于音频的内容和服务;与智能家居、车载设备等厂商合作,拓展音频内容的传播渠道。这些合作不仅有助于增强用户体验和忠诚度,还能够为广播媒体带来更多的收入来源和商业机会。

# 第三节 对用户体验的影响

## 一、提升传输速度和效率

数字化技术为广播节目提供了更加快速和稳定的传输方式,从而使用户能够享受到更加流畅、高品质的听觉体验。首先,数字化技术采用了高效的压缩算法和传输协议,大大增强了广播节目的传输速度。与传统的模拟信号传输相比,数字信号在传输过程中可以更加快速地处理和传输数据,减少了传输时间和延迟。这意味着用户可以更快地接收到广播节目,增强了收听的实时性。其次,数字化技术还减少了信号干扰,增强了音频的清晰度。在模拟信号传输中,信号容易受到各种噪声和干扰的影响,导致音频质量下降。而数字化技术通过将模拟信号转换为数字信号,实现了信号的离散化表示,从而降低了噪声和干扰的影响。这使得广播节目的音频更加清晰、纯净,增强了用户的听觉体验。此外,数字化技术还为广播节目提供了更加稳定的传输方式。由于数字信号具有抗干扰和纠错能力,即使在复杂的环境中也能够实现稳定传输。这意味着用户在收听广播节目时不易受到信号中断或杂音干扰的影响,增强了收听的稳定性。除了提升传输速度和效率外,广播数字化转型还对用户体验产生了其他积极的影响。例如,通过个性化服务和定制化推荐,使用户能够更加便捷地获取自己感兴趣的内容;通过拓展收听渠道,使用户能够随时随地收听广播节目;通过增强互动性和参与感,使用户能够更加深入地参与到广播节目中。这些影响共同增强了用户体验,使广播媒体在竞争激烈的市场中保持了竞争优势。

## 二、优化个性化服务

数字化转型为广播媒体带来了个性化服务的革命。通过运用大数据、人工智能等技术手段,广播媒体能够深入了解用户的喜好和收听习惯,进而提供定制化的内容推荐,满足用户的个性化需求。这一转变不仅增强了用户体验,还为广播媒体开拓了新的商业价值。个性化服务的核心在于深入了解用户需求。在数字化时代,用户收听数据的收集和分析成为可能。通过分析用户的收听记录、时长、偏好等内容,广播媒体可以绘制出每个用户的详细画像,进而了解他们的真实需求和兴趣。基于这些数据,广播媒体可以为用户推荐更加贴切、个性化的内容,实现从"广播"到"窄播"的转变。这种定制化的内容推荐模式对用户体验的增强是显著的。用户不再需要自己寻找感兴趣的节目,广播媒体会根据他们的喜好自动推荐相关内容。这大大降低了用户的选择成本,增强了内容与用户需求的匹配度,使用户更加愿意收听广播,提升了用户黏性和忠诚度。同时,个性化服务也为广播媒体带来了新的商业机会。通过精准的内容推荐,广播媒体可以与品牌广告、电商等进行深度合作,实现精准营销。例如,当用户在收听过程中表现出对某一类商品的兴趣时,广播媒体可以推送相应的广告或电商链接,引导用户进行购买。这种精准的营销方式不仅增强了广告效果和营销效益,还为广播媒体带来了更多的商业收入。为了实现个性化服务,广播媒体需要建立完善的数据收集和分析机制。这包括用户收听数据的采集、存储、处理和分析等环节。同时,广播媒体还需要加强技术研发和人才培养,增强数据处理和分析的能力。此外,保护用户隐私和数据安全也是必须重视的问题。通过建立严格的数据管理政策和隐私保护机制,确保用户数据的安全和合规使用是实现个性化服务的前提条件。个性化服务还要求广播媒体不断创新和优化推荐算法。随着用户需求和行为的变化,推荐算法也需要不断更新和升级,以保持与用户需求的同步。这需要广播媒体保持敏锐的市场洞察力和持续的技术创新能力。

## 三、拓宽收听渠道

随着数字化技术的快速发展,广播媒体的收听渠道得到了极大的拓宽。这一转变不仅带来了收听体验的革新,更对广播行业的运营模式和市场格局产生了深远影响。首先,收听渠道的拓宽意味着用户可以更加便捷地接触到广播内容。在过去,广播节目的接收主要依赖于传统的收音机。然而,随着智能终端设备的普及,如智能手机、平板电脑等,用户可以随时随地访问广播内容,不再受限于固定的接收设备和地理位置。这一变化极大地扩展了广播媒体的覆盖范围,使得更多人能够接收到信息。其次,收听渠道的拓宽也催生了用户收听习惯的改变。在传统模式下,用户必须在特定时间守在收音机旁才能收听节目。但现在,用户可以根据自己的空闲时间、喜好和需求,随时随地选择想要收听的广播内容。这种个性化的收听方式为用户提供了更大的便利性，使得他们能够更加灵活地安排自己的时间。此外，收听渠道的拓宽还加强了广播媒体与用户之间的互动。这种互动性不仅增强了用户的参与感和归属感，还有助于广播媒体更好地了解用户需求和市场反馈，从而优化节目内容和形式。对于广播媒体而言，收听渠道的拓宽也为其带来了新的商业机会。随着用户规模的扩大和收听时长的增加，广播媒体的广告价值和市场份额也得到了提升。同时，广播媒体还可以与智能终端设备制造商合作，探索新的盈利模式，如付费订阅、专属内容等。

## 四、增强互动性

在广播媒体数字化转型的进程中，互动性的增强是一个显著且关键的变化。传统的广播模式往往是单向的，即信息从广播媒体流向听众，而数字化转型则打破了这一模式，引入了多种互动形式，如实时投票、在线调查等。这些新的互动方式不仅增强了用户的参与感，也使广播媒体能够更深入地了解用户需求，从而优化节目内容和提升服务质量。首先，实时互动为用户提供了全新的参与体验。通过智能手机、平板电脑等终端设备，用户可以实时参与广播节目的各个环节，如投票选择节目内容、在线评论分享观点等。这种即时反馈和参与的方式让用户感到自己的声音被听到、意见被重视，从而增强了他们的归属感和忠诚度。同时，实时互动也增强了节目的趣味性和多样性，使得广播内容更加生动和吸引人。其次，数字化转型的互动形式为广播媒体提供了宝贵的用户数据。通过用户的实时投票、评论和调查反馈，广播媒体可以及时了解用户对节目的喜好、态度和需求。这些数据为节目制作提供了重要参考，帮助广播媒体更准确地把握目标听众的兴趣点，优化节目内容以满足用户需求。同时，这些数据也可以用于评估节目的受欢迎程度和传播效果，为广告合作和市场营销提供了有力支持。此外，增强互动性还有助于广播媒体与听众之间建立更紧密的联系。通过社交媒体、在线论坛等渠道，广播媒体可以与听众进行持续、深入的交流和互动。这种互动不仅限于节目播出期间，而且贯穿于节目的整个生命周期。通过与听众的持续互动，广播媒体可以及时了解他们的反馈和建议，不断改进节目质量和服务水平。同时，这种紧密的联系也有助于培养用户的忠诚度和品牌认知度。

### 五、提升内容丰富度

在广播媒体的数字化转型过程中,内容丰富度的提升是一个不可或缺的方面。数字化技术为广播媒体提供了更多的可能性,使其能够制作和播出更高质量的音频内容,并融入更多的附加信息和互动形式,从而使用户体验更加丰富多元。首先,数字化技术提升了广播媒体的音频质量。传统的广播信号在传输过程中会受到各种因素的影响,导致音质受损。然而,数字化技术通过高效的压缩算法和传输方式,确保了音频信号的清晰度和稳定性。此外,数字广播还支持多种音频格式,如立体声、环绕声等,为用户提供了更加逼真的听觉享受。其次,数字化技术为广播媒体提供了更多的附加信息。在数字化时代,广播媒体可以轻松地集成多种多媒体元素,如图片、视频、动画等,使得内容更加生动形象。这种多媒体融合的方式不仅丰富了节目的视觉效果,还为用户提供了更全面的信息内容。例如,在新闻报道中,广播媒体可以穿插相关的图片、视频片段或实时数据图表,使新闻内容更加直观易懂。此外,数字化技术还促进了广播媒体的互动性。通过智能终端设备和互联网技术,用户可以实时参与节目互动,如在线投票、评论交流等。这种互动性不仅增强了用户的参与感和归属感,还为广播媒体提供了宝贵的反馈信息,有助于优化节目内容和形式。例如,通过在线调查或投票环节,广播媒体可以了解用户对某一话题的观点和态度,从而调整报道角度或话题选择。同时,数字化技术还为广播媒体提供了个性化推荐的可能性。这种个性化推荐服务使用户能够轻松找到自己感兴趣的内容,增强了收听的便利性和满意度。例如,根据用户的收听历史和喜好,广播媒体可以推送定制化的歌单、新闻资讯或活动信息,使用户收听体验更加个性化和定制化。

### 六、实时性与即时性

在广播媒体的数字化转型过程中,实时性与即时反馈成为增强用户体验的关键要素。数字化技术为广播媒体带来了前所未有的灵活性,使其能够实现内容的实时更新与推送,并为用户提供及时反馈的渠道,从而更好地满足用户的需求和期望。首先,实时性在广播数字化转型中具有不可替代的价值。在信息爆炸的时代,用户对于信息的需求呈现高度即时性的特点。通过数字化技术,广播媒体能够实现内容的实时更新与推送,确保用户获取的信息具有最新、最准确的状态。例如,当某个突发事件发生时,数字化广播可以迅速更新报道,将最新的情况实时传递给用户。这种及时的信息传递为用户提供了更多的决策依据,满足了他们在第一时间了解事件进展的需求。其次,即时反馈为广播媒体与用户之间的互动建立了有效桥梁。在传统的广播模式下,用户对节目的反馈往往受限于电话热线或写信等相对滞后和低效的方式。而数字化转型则为用户提供了即时的反馈渠道,使用户能够实时表达对节目的意见和看法。这种即时反馈不仅有助于广播媒体及时了解用户的真实需求和感受,还能够促进节目内容的调整和优化。例如,当某个话题或活动引发用户的热烈讨论时,广播媒体可以即时捕捉这些反馈,对节目内容进行有针对性的调整,从而提升用户的参与感和满意度。此外,即时反馈还具有促进用户与广播媒体之间社交互动的作用。通过在线评论、弹幕等方式,用户可以即时分享自己的观点和感受,与其他听众进行交流和讨论。这种社交互动不仅使用户之间的联系更加紧密,还为广播媒体营造了一个活跃、健康的社区氛围。在这个社区中,用户可以发现与自己有共同兴趣的人,共同关注和讨论感兴趣的话题,从而建立起基于广播节目的社交网络。

值得注意的是,要实现实时性与即时反馈的有机结合,广播媒体需要具备强大的技术支撑和高效的运营管理能力。首先,广播媒体需要建立稳定、高效的数字化传输系统,确保内容的实时传输与更新。此外,为了处理大量的用户反馈信息,广播媒体还需要建立有效的信息筛选和分析机制,以快速提取有价值的信息,为节目制作和调整提供了决策依据。同时,为了确保即时反馈渠道的顺畅运行,广播媒体还需要建立专业的运营团队,负责监控和协调相关事务。

## 七、社群化与社交互动

在数字化时代,广播媒体的转型已不仅仅局限于技术层面的革新,更涉及传播模式与受众关系的深刻变革。其中,社群化与社交互动成为数字化广播区别于传统广播的重要特征之一。通过社交媒体、专门的听众论坛等渠道,数字化广播能够构建听众社群,让具有相同兴趣爱好的听众聚集在一起,形成互动和交流的社区,从而为用户提供更加丰富、多元的收听体验。社群化是数字化广播在社交媒体时代的一种自然延伸。传统的广播传播模式是单向的、线性的,听众在接收信息时往往处于被动地位。而数字化广播则打破了这一局限,使听众能够通过社交媒体等平台主动参与到节目的制作与传播过程中。这种参与不仅体现在实时反馈、话题讨论等互动环节,更在于听众之间基于共同兴趣爱好的社群构建。在社群化过程中,数字化广播发挥着"连接器"的作用。一方面,它利用先进的数字技术将听众紧密联系在一起,形成一个相对稳定的社群;另一方面,它通过提供多样化的内容和活动,激发社群内部的互动与交流。例如,通过社交媒体平台,数字化广播可以发起话题讨论、线上投票等活动,引导听众积极参与并分享自己的观点和感受。同时,专门的听众论坛则为听众提供了一个更加专注于广播内容的交流平台,使他们能够在这里找到志同道合的朋友,共同探讨感兴趣的话题。社交互动是数字化广播社群化的另一个重要体现。在社交媒体时代,人们的社交行为越来越多地转移到网络上,数字化广播正是抓住了这一趋势,将社交互动融入节目制作与传播过程中。通过实时评论、弹幕等方式,听众可以即时分享自己的收听感受,与其他听众进行互动交流。这种社交互动不仅增强了听众之间的联系与归属感,还为广播节目注入了更多的活力与话题性。

值得注意的是,社群化与社交互动对于数字化广播的意义不仅仅在于提升用户体验和增强用户黏性。更重要的是,它为广播媒体提供了一种全新的内容生产与传播模式。在社群内部,听众的反馈和讨论往往能够为节目制作提供宝贵的灵感和素材。广播媒体可以通过对社群内部话题的挖掘和整理,发现受众的真实需求和关注点,从而制作出更加贴近听众、具有话题性的节目内容。同时,社群内部的口碑传播效应也不容忽视。当听众在社群中分享自己的收听体验时,他们实际上也在为广播节目进行免费的宣传和推广,从而扩大节目的影响力和知名度。当然,要实现社群化与社交互动的有效运作,数字化广播还需要注意一些问题。首先,需要建立良好的社区管理机制,确保社群内部的交流积极、健康、有序;其次,要注重对听众隐私的保护,避免个人信息泄露和滥用;最后,还需要不断探索和创新社交互动的形式和内容,以保持社群的活跃度和吸引力。

## 八、增强用户体验的持续性

在当今数字化时代,用户体验已成为广播媒体竞争的关键要素。随着技术的不断革新,广播媒体的数字化转型为其提升用户体验的持续性提供了无限可能。通过深入分析用户行为数据和反馈信息,广播媒体能够实时了解用户的收听习惯、偏好和需求,进而对节目内容、形式和传播方式进行持续优化,提升用户满意度和忠诚度。要实现用户体验的持续性提升,首要任务是对用户行为数据进行全面、深入的分析。在数字化转型过程中,广播媒体积累了大量关于用户收听习惯、偏好、反馈等方面的数据。这些数据不仅包括用户的在线收听记录、互动行为等显性数据,还包括通过智能语音识别、情感分析等技术手段获取的用户隐性需求和反馈。通过对这些数据的综合分析,广播媒体能够全面了解用户的真实需求和期望,为优化用户体验提供有力依据。在获取到用户行为数据后,广播媒体需要采取一系列策略来持续优化用户体验。首先,节目内容的个性化推荐是关键。基于用户的行为数据和偏好,广播媒体可以构建精准的内容推荐模型,为用户提供定制化的节目清单。这种个性化推荐不仅可以增强用户的满意度,还能够增强用户黏性,增强用户忠诚度。其次,持续改进节目形式和传播方式也是增强用户体验的重要手段。例如,根据用户反馈和数据分析结果,对节目的播出时间、时长、互动环节等进行调整,以更好地满足用户需求。同时,利用先进的技术手段如人工智能、虚拟现实等,创新节目的呈现方式,提供更加丰富、多元的视听体验。此外,建立有效的反馈机制也是增强用户体验持续性的重要环节。通过在线调查、评论区、社交媒体等渠道,广播媒体可以及时获取用户的反馈意见和建议。这些反馈不仅有助于媒体了解用户的真实需求和期望,还可以为节目改进提供宝贵的思路和灵感。为了确保反馈渠道的畅通和有效,广播媒体需建立专门的团队负责收集、整理和分析用户反馈,并制定相应的改进措施。

值得注意的是,提升用户体验的持续性是一个动态的过程。随着技术的不断进步和用户需求的变化,广播媒体需要不断地进行自我调整和创新。同时,与其他行业的跨界合作也是增强用户体验的重要途径。通过与旅游、餐饮、电商等行业的合作,广播媒体可以为用户提供更加丰富、实用的服务,打造一站式的媒体平台。

## 九、增强用户参与感和归属感

在数字化时代,广播媒体的转型不仅仅是技术的革新,更是一种服务模式的重塑。其中,增强用户的参与感和归属感成为数字化广播的核心优势之一。通过互动性和个性化服务的结合,数字化广播让用户更加深入地参与到节目中,感受到自己的声音被听到和重视,从而增强了用户对广播媒体的忠诚度和关注度。首先,互动性是增强用户参与感和归属感的关键因素。在传统广播模式下,听众往往是被动接受信息的角色,与节目的互动有限。而数字化广播则为听众提供了更加多样化的互动方式,如实时投票、评论、分享等。这些互动环节不仅使用户能够及时表达自己的观点和情感,还让他们感受到自己的声音被重视和回应。这种参与感让用户更加积极地参与到节目中,增强了他们对广播媒体的归属感。其次,个性化服务也是提升增强参与感和归属感的重要手段。数字化技术使得广播媒体能够根据用户的偏好和需求提供定制化的内容和服务。例如,通过分析用户的收听记录和行为数据,广播媒体可以为用户推荐符合其喜好的节目和活动。这种个性化服务使用户感受到自己被关注和重视,进而提升了对广播媒体的忠诚度。此外,增强用户的参与感和归属感还有助于提升用户对广播媒体的关注度和黏性。当用户对广播节目产生情感上的认同和归属感时,他们会更愿意持续关注和收听该节目,甚至主动推广和传播节目内容。这种关注度和黏性不仅有助于增强广播节目的收听率,还为广播媒体带来了更多的商业合作机会。为了实现用户参与感和归属感的持续增强,广播媒体需要不断创新和完善互动与个性化服务模式。例如,引入虚拟现实(VR)和增强现实(AR)技术,为用户提供沉浸式的收听体验,或通过人工智能(AI)技术,实现实时语音互动和智能推荐等。这些创新不仅能够增强用户体验,还能够为广播媒体带来新的发展机遇。

然而,在增强用户参与感和归属感的同时,广播媒体也需要注意一些潜在问题。一方面,过度依赖技术和数据可能导致节目内容的同质化,失去独特性和吸引力;另一方面,对用户声音的过度回应也可能导致节目失去原有的定位和品质。因此,在追求互动性和个性化服务的同时,广播媒体还需要保持节目的专业性和创新性。

# 第四章 数字广播的发展战略研究

## 第一节 广播发展与新媒体的融合

### 一、广播与新媒体的融合模式

#### （一）互补性融合

##### 1.传统广播的内容优势与新媒体平台的传播优势相结合

随着新媒体的崛起，传统广播行业正面临着前所未有的挑战与机遇。传统广播凭借其内容丰富、专业化强的特点，一直在媒体领域占据着重要地位。然而，新媒体平台的出现，使得传播渠道和接收方式更加多元化。为了在新媒体时代保持竞争力并持续发展，传统广播需要与新媒体进行融合。传统广播的内容优势主要表现在其专业化、实时性和强烈的社会责任感。这些优势使得传统广播能够提供高品质、专业化的音频内容，满足不同受众的需求。同时，实时播报新闻和天气等实时信息，以及举办公益活动、关注社会热点问题等，也展现了传统广播强烈的社会责任感。而新媒体平台的传播优势则体现在广泛的传播渠道、多样化的交互功能以及个性化推荐上。此外，新媒体平台利用大数据和人工智能技术进行个性化推荐，能够根据受众的喜好和行为习惯提供定制化的音频内容，增强受众满意度和忠诚度。

互补性融合将传统广播的内容优势与新媒体平台的传播优势相结合，旨在实现广播媒体的可持续发展。通过将高品质的节目内容上传到新媒体平台，传统广播可以吸引更多的年轻听众，拓展受众群体。同时，利用新媒体平台的交互功能，传统广播可以与听众进行实时互动，增强节目的参与感和互动性。此外，结合新媒体平台的个性化推荐算法，传统广播能够更好地满足不同受众的需求，增强受众满意度和忠诚度。

### 2. 广播节目在新媒体平台上的二次传播与互动拓展

传统广播虽然拥有丰富的内容资源和专业化制作能力,但其传播渠道和接收方式的局限性逐渐凸显。相比之下,新媒体平台凭借其广泛的传播范围、互动性以及个性化推荐等特点,迅速占领了市场。因此,传统广播与新媒体的互补性融合成一种必然趋势。首先,传统广播在长期的发展过程中积累了丰富的内容资源。这些内容涵盖新闻、音乐、谈话等多个领域,具有专业化、高质量的特点。传统广播拥有一支专业的制作团队和经验丰富的节目主持人,他们能够持续产出优质内容以满足不同受众的需求。此外,传统广播还具备强大的内容策划和创新能力,能够根据受众的兴趣和反馈进行节目的调整和优化。

然而,传统广播的传播渠道和接收方式相对单一,主要依赖于固定的收音机和有限的频段。这种局限性限制了广播媒体的覆盖范围和影响力,也难以满足现代受众的多元化需求。而新媒体平台的出现为广播媒体提供了新的传播渠道和交互方式。新媒体平台如互联网、智能手机等能够实现跨地域、无障碍的传播,使得广播内容能够覆盖更广泛的受众群体。同时,新媒体平台还提供了多样化的交互功能,如评论、分享和点赞等,使得受众可以更加积极地参与到广播节目中。这种互动性不仅增强了受众的参与感,还有助于提升节目的影响力。互补性融合正是将传统广播的内容优势与新媒体平台的传播优势相结合的一种有效方式。通过将传统广播的专业化内容上传至新媒体平台,能够进一步拓展其传播范围和影响力。这不仅能够吸引更多的年轻听众,还能够满足全球化背景下受众对于跨地域广播内容的需求。例如,全球范围内的重大新闻事件发生时,传统广播可以及时进行现场报道,并通过新媒体平台进行实时传输。这使得远离事件发生地的受众也能够及时获取到一手信息,增强了广播媒体的时效性和影响力。同时,新媒体平台的交互功能也为传统广播提供了与受众进行实时互动的机会。在传统的广播模式下,受众只能被动地接收信息,而无法及时反馈自己的观点和意见。而新媒体平台的评论、分享和点赞等功能使得受众可以参与到节目中来,与主持人或其他听众进行交流互动。这种互动不仅有助于增强受众的参与感和归属感,还能够为广播节目提供宝贵的反馈意见,帮助节目不断优化和改进。此外,新媒体平台还利用大数据和人工智能技术进行个性化推荐。通过对用户行为数据的分析,能够根据受众的兴趣和偏好为他们提供定制化的音频内容。这种个性化推荐服务能够增强受众的满意度和忠诚度,增强广播媒体的品牌影响力。例如,智能语音助手可以根据用户的喜好为其推荐合适的音乐或新闻节目。

互补性融合还促进了传统广播与新媒体平台的相互借鉴与创新。传统广播可以借鉴新媒体平台的先进技术和互动方式来提升节目的质量和形式。而新媒体平台则可以借助传统广播的内容资源和品牌影响力来丰富其音频内容库并提升用户黏性。这种融合模式有助于推动广播媒体的整体创新与发展。

## (二)创新性融合

### 1. 借助新媒体技术,创造全新的广播节目形态和内容

在当今数字化时代,新媒体技术的快速发展为广播媒体的革新提供了无限可能。传统广播媒体面临着与新媒体的竞争与合作,而创新型融合成为一个关键的战略方向。这种融合旨在借助新媒体技术,创造全新的广播节目形态和内容,以满足现代受众的多元化需求。新媒体技术的崛起为广播媒体的创新提供了强大的驱动力。数字技术、网络技术和人工智能等新媒体技术的不断发展,使得广播节目的制作、传输和接收方式发生了深刻变革。传统广播媒体需要紧跟技术发展的步伐,将这些新媒体技术融入节目制作中,以实现节目形态和内容的创新。创新性融合的关键在于将新媒体技术的优势与广播节目的核心要素相结合。首先,新媒体技术为广播节目提供了更多的表现形式和互动方式。通过数字化技术,传统广播可以制作出更为丰富和立体的音效、音乐和影像内容,为听众带来更为沉浸式的收听体验。同时,借助网络技术和社交媒体平台,广播节目可以实现与听众的实时互动,增强节目的参与感和黏性。其次,新媒体技术也为广播节目的个性化定制提供了可能。通过大数据分析和人工智能技术,广播媒体可以根据听众的兴趣、偏好和收听习惯,为他们提供定制化的内容推荐和服务。这种个性化服务不仅能够增强听众的满意度和忠诚度,还有助于拓展广播媒体的受众群体。此外,创新性融合还体现在广播媒体对新媒体平台的利用上。新媒体平台如互联网、智能手机和智能家居等为广播媒体提供了广泛的传播渠道和用户基础。通过与新媒体平台的合作,传统广播媒体可以突破自身的传播限制,实现跨地域、无障碍传播。这种广泛的传播渠道有助于扩大广播媒体的覆盖面和影响面,吸引更多的年轻听众。

创新性融合的实践案例不胜枚举。例如,一些广播电台利用社交媒体平

台推出互动性强的直播节目,通过与听众的实时互动提升节目的参与感和互动性。同时,一些广播媒体还利用人工智能技术推出智能语音助手服务,用户可以通过语音指令收听定制化的音频内容。此外,虚拟现实(VR)和增强现实(AR)技术的发展也为广播节目的创新提供了新的可能性。未来,通过将这些技术融入到广播节目中,听众将能够体验更为真实和沉浸式的收听感受。

此外,随着新媒体技术的不断发展,广播媒体需要不断更新和完善自身的技术系统以保持竞争力。同时,与新媒体平台的合作也涉及传播渠道、版权保护和利益分配等方面的问题需要妥善解决。

**2. 利用新媒体平台,探索广播广告的新形式和商业模式**

随着新媒体技术的迅猛发展,广播媒体的传统广告形式正面临着巨大的挑战。新媒体平台的崛起为广播广告的创新提供了新的机遇。创新性融合成为广播广告发展的关键战略,旨在利用新媒体平台探索广播广告的新形式和商业模式。新媒体平台为广播广告的创新提供了广阔的空间。互联网、智能手机、社交媒体等新媒体平台拥有庞大的用户基础和丰富的数据资源,为广播广告提供了精准的目标受众和个性化的传播方式。通过大数据分析,广播媒体可以深入了解受众的兴趣、需求和消费行为,从而制定更加精准的广告策略。互动性是新媒体平台的重要特点,也为广播广告的创新提供了新的机会。传统广播广告往往是单向传播的,而新媒体平台上的广播广告可以实现与受众的实时互动。例如,通过扫描广播广告中的二维码或点击链接,受众可以直接跳转到广告主的官方网站或社交媒体平台,参与抽奖、调查或购买商品等互动活动。这种互动性的广播广告能够增强受众的参与感和体验感,增强广告的传播效果。同时,新媒体平台还为广播媒体带来了跨媒体合作的商业模式。通过与新媒体平台的深度合作,广播媒体可以与其他媒体形式进行跨媒体广告合作,共同开发创新的广告产品和商业模式。例如,广播媒体可以与互联网公司合作,共同开发基于大数据分析的精准广告投放系统,或者与社交媒体平台合作,推出联合推广活动,实现资源共享和互利共赢。通过这些技术,广播媒体可以创造出更具沉浸感和真实感的广告体验,提升受众的感知度和记忆度。例如,在汽车广告中,受众可以通过VR技术体验虚拟的驾驶场景,感受汽车的性能和特点;在房地产广告中,受众可以通过AR技术了解房屋的内部结构和装修风格等细节信息。

## （三）跨领域融合

**1. 与社交媒体、移动应用等跨领域平台的合作与互动**

社交媒体平台拥有庞大的用户基础和实时互动的特点，为广播媒体提供了与受众直接交流的机会。通过与社交媒体平台的合作，广播媒体可以将节目内容同步到社交媒体上，实现跨平台的传播。同时，借助社交媒体的互动功能，受众可以在社交媒体平台上实时参与广播节目，分享观点、评论和反馈意见。这种互动性能够增强受众的参与感和归属感，提升广播节目的影响力和忠诚度。移动应用是另一个重要的跨领域合作平台。随着智能手机的普及和移动互联网的发展，移动应用已经成为人们获取信息和娱乐的主要渠道之一。广播媒体可以与移动应用开发商合作，开发定制化的广播应用，提供更为丰富和个性化的内容和服务。通过将广播节目整合到移动应用中，受众可以更加方便地收听广播内容，还可以享受更多的附加功能和服务，如在线点播、互动投票、社区交流等。这种合作模式能够拓展广播媒体的传播渠道，增加受众的黏性和参与度。此外，跨领域融合还体现在与其他行业的合作与互动上。例如，广播媒体可以与旅游景点、电影院等商家合作，共同举办活动或推出联合营销方案。通过与相关行业的合作，广播媒体可以拓展自身的业务范围和收入来源，实现共赢和持续发展。这种跨领域的合作不仅能够增加广播媒体的收入，还可以丰富节目内容和服务形式，提升受众的满意度和忠诚度。另外，随着数字化技术的不断发展，广播媒体需要不断更新和完善自身的技术系统以适应不同平台的传播需求。这需要投入一定的资金和人力资源进行技术研发和人才培养。同时，为了保持竞争力，广播媒体还需要关注新兴技术和市场趋势，不断探索新的合作机会和发展空间。

**2. 跨界合作，打造综合性的多媒体广播服务**

随着数字技术和互联网的迅速发展，传统广播媒体正面临着巨大的变革压力。为了适应这一变革，许多广播媒体开始寻求跨领域融合的发展路径，通过跨界合作打造综合性的多媒体广播服务。这种融合旨在将广播与其他媒体形式进行深度整合，提供更为丰富、多元化和互动性更强的内容和服务，以满足现代受众的需求。跨领域融合的核心是跨界合作。这种合作不仅限于广播与其他媒体之间的合作，还涉及不同行业和领域之间的合作。通过与互联网公司、移动应用开发商、社交媒体平台等跨界合作，广播媒体可以充分利用各方资源和技术优势,共同开发创新的产品和服务。这种合作模式有助于广播媒体突破自身的限制,拓展业务范围和收入来源,实现可持续发展。

在跨界合作中,第一,广播媒体需要深入了解目标受众的需求和习惯。不同的受众群体有着不同的信息需求和消费习惯,广播媒体需要深入了解目标受众的特点,以便更好地制定合作策略和开发有针对性的产品。通过市场调研、数据分析等方式,广播媒体可以了解受众的需求和偏好,从而为跨界合作提供有力的支持。第二,选择合适的跨界合作伙伴。选择合作伙伴时,广播媒体需要考虑对方的资源和技术优势是否能够与自身进行互补。同时,还需要评估对方的信誉和合作意愿,确保合作的顺利进行。合适的合作伙伴有助于广播媒体快速拓展业务范围和提升竞争力。第三,共同开发创新的产品和服务。跨界合作的目的是共同创造价值,通过结合各方资源和技术优势,开发出具有创新性和竞争力的产品和服务。这可能需要各方进行深度协作和沟通,充分挖掘潜在的合作机会和商业价值。共同开发的产品和服务应该注重用户体验和价值创造,以满足现代受众的多元化需求。另外,加强数据管理和利益分配。在跨界合作中,数据管理和利益分配是关键的问题之一。各方需要制定合理的数据管理和使用规则,确保数据的安全和隐私保护。同时,需要协商合理的利益分配机制,确保各方能够获得应有的回报和利益。建立公平、透明和互利的合作关系对于跨界融合的长期发展至关重要。

在打造综合性多媒体广播服务的过程中,第一,广播媒体需要保持内容的质量和原创性。内容是广播媒体的核心竞争力之一,需要注重内容的品质和原创性。在提供多种形式的内容和服务时,需要确保内容的质量和价值,以满足受众的需求和增强品牌影响力。第二,提升技术水平和用户体验。多媒体服务需要先进的技术支持,广播媒体需要不断升级自身的技术系统,增强技术水平和用户体验。通过改进和完善服务平台的界面、功能和交互方式等要素,提升用户的使用体验和满意度。第三,加强与受众的互动和沟通。互动性是现代媒体的重要特点之一,广播媒体需要借助新媒体平台加强与受众的互动和沟通。通过设置互动环节、开展线上活动等方式,吸引受众参与互动并促进用户生成内容(UGC)的传播。这种互动能够增强受众的归属感和参与感,增强节目的影响力和黏性。另外,探索多元化的盈利模式。综合性多媒体广播服务需要投入大量的资源进行研发、运营和维护,因此需要探索多元化的盈利模式来支撑服务的可持续发展。除了广告收入,还可以考虑提供付费服务、与商家合作开展活动等方式增加收入来源。同时,需要注意保护用户权益和隐私,避免过度商业化对用户体验造成负面影响。

## 二、技术驱动的广播与新媒体融合

### (一)数字化技术

随着科技的飞速发展,数字化技术已经深入各个领域,对媒体行业产生了深远的影响。在广播媒体的发展过程中,数字化技术起了关键的推动作用,为广播与新媒体的融合提供了强大的技术支持。技术驱动的广播与新媒体融合,不仅是广播媒体适应时代发展的必然选择,也是增强传播效果、拓展受众市场的有效途径。第一,数字化技术为广播媒体提供了更加高效和灵活的内容制作方式。传统的广播制作过程中,采集、编辑、播出等环节都依赖于模拟信号的处理,不仅效率较低,而且难以实现精细化管理。数字化技术的引入,使得广播制作过程中的各个环节都能够实现数字化处理,大大增强了工作效率。同时,数字化技术还支持更加丰富的音频格式和效果处理,使得广播节目的音质更加清晰、音效更加丰富。第二,数字化技术促进了广播媒体的传播方式的多样化。在数字化技术的支持下,广播媒体不仅能够通过传统的调频/调幅信号进行传播,还能够通过网络平台、移动应用等新媒体形式进行传播。这种多元化的传播方式使得广播媒体能够覆盖更广泛的受众群体,拓展了广播媒体的传播空间。同时,数字化技术还支持广播媒体的定制化服务,根据受众的需求提供个性化的音频内容,增强了受众的满意度。第三,数字化技术增强了广播媒体的互动性和社交性。通过数字化技术的运用,广播媒体能够实现与受众的实时互动,让受众在收听节目的同时能够发表观点、参与投票、与其他听众交流等。这种互动性不仅增强了受众的参与感和归属感,还为广播媒体提供了宝贵的反馈信息,有助于改进节目内容和增强传播效果。此外,数字化技术还支持广播媒体的跨平台传播,使得不同平台之间的用户能够实现互动和交流,进一步拓展了广播媒体的社交性。第四,数字化技术为广播媒体带来了商业模式创新的可能。传统的广播媒体主要依靠广告收入来维持运营,而数字化技术的引入使得广播媒体能够探索更多元化的商业模式。例如,通过与电子商务平台的合作,广播媒体可以在节目中推荐商品或服务,实现销售转化;通过提供付费音频内容或会员服务,广播媒体可以拓展收入来源;通过与品牌合作开展线上线下活动或代言等合作形式,广播媒体可以提升品牌价值和影响力。

## (二)大数据与人工智能

对于广播媒体而言,大数据和人工智能技术不仅为其提供了海量的数据资源和强大的分析能力,还为其与新媒体的融合提供了新的思路和方法。技术驱动的广播与新媒体融合,特别是在大数据和人工智能技术的支持下,正推动着广播媒体的数字化转型和升级。第一,大数据技术为广播媒体提供了更深入的用户洞察。通过收集和分析用户在各种平台上的行为数据,广播媒体可以更准确地了解受众的兴趣、习惯和需求。例如,通过分析用户在社交媒体上的互动数据,广播媒体可以发现哪些话题或内容更受欢迎,从而调整节目策划和制作方向。这种基于数据的决策方式,使得广播媒体能够更加精准地满足受众需求,增强传播效果和用户黏性。第二,人工智能技术为广播媒体的个性化服务和智能化运营提供了可能。基于人工智能的语音识别和自然语言处理技术,广播媒体可以开发智能语音助手,实现个性化的音频内容推荐和定制服务。同时,人工智能技术还可以用于自动化生产和编辑流程,增强内容生产和分发的效率。通过人工智能技术对用户数据的分析,广播媒体还可以实现智能广告投放和精准营销,增强广告效果和收入。第三,大数据和人工智能技术有助于增强广播媒体的互动性和社交性。通过人工智能技术,广播媒体可以开发智能客服和聊天机器人,实现与受众的实时互动和交流。这种互动方式不仅能够提升受众的参与感和忠诚度,还有助于广播媒体获取更多的用户反馈和数据。同时,基于大数据的分析结果,广播媒体可以更有效地整合跨平台资源,实现更广泛的用户互动和社交传播。

然而,技术驱动的广播与新媒体融合在应用大数据和人工智能技术时也面临一些挑战和问题。首先,数据安全和隐私保护是一个重要的问题。广播媒体需要严格遵守相关法律法规,确保用户数据的安全和隐私不被侵犯。其次,大数据和人工智能技术的应用需要大量的资金和技术支持。对于一些小型或地方性的广播媒体来说可能存在一定的困难。

## (三)云计算与物联网

在当今数字化时代,技术进步对各行各业产生了深远的影响,尤其在媒体行业中。广播媒体为了适应时代的发展和满足受众的需求,不断寻求与新媒体的融合。其中,云计算和物联网技术的发展为广播与新媒体的融合提供了新的思路和手段。云计算和物联网不仅为广播媒体提供了更高效、灵活的技术支持,还为其创新发展开辟了新的空间。第一,云计算技术为广播媒体提供了强大的存储和计算能力。传统的广播媒体在制作和播出过程中,需要大量的存储和计算资源,而这些资源通常需要庞大的硬件设施来支持。而云计算技术的出现,使得广播媒体可以借助云端服务器进行数据的存储和处理,大大降低了硬件投入成本和维护成本。同时,云计算技术还支持广播媒体的实时传输和流媒体服务,使得受众可以通过各种终端设备随时随地收听广播节目。第二,物联网技术为广播媒体提供了更加智能化的传播方式。物联网技术可以实现物与物之间的连接和数据交换,这为广播媒体的传播带来了更多的可能性。例如,通过智能家居设备与广播媒体的连接,受众可以在家中通过智能音箱等设备收听广播节目,并实现与节目的互动。此外,物联网技术还可以实现广播媒体的精准推送,根据受众的地理位置、兴趣爱好等信息进行个性化内容推荐。第三,云计算和物联网技术有助于增强广播媒体的互动性和社交性。通过云计算技术,广播媒体可以实现受众的实时反馈和互动,例如通过在线投票、实时评论等方式让受众参与到节目中来。而物联网技术的应用则可以增强广播媒体的社交性,例如通过社交媒体的集成,让受众在收听节目的同时能够分享到社交网络上,进一步扩大节目的影响力。

首先,安全性和隐私保护是一个重要的问题。广播媒体需要采取有效的措施来保护用户数据的安全和隐私不被侵犯。同时,还需要建立完善的数据管理和访问机制,避免数据滥用和不当使用。其次,云计算和物联网技术的应用需要大量的资金和技术支持。广播媒体需要投入大量的资源进行技术研发、平台建设和维护等工作。对于一些小型或地方性的广播媒体来说可能存在一定的困难。另外,广播媒体还需要建立一支具备云计算和物联网技术背景的专业团队,以应对技术更新换代和业务发展需求。

## 三、社交媒体与广播的深度融合

### (一)社交元素在广播节目中的运用

社交媒体以其独特的互动性和即时性,改变了人们的信息消费习惯,也深刻影响了传统广播媒体的发展。在此背景下,社交媒体与广播的深度融合成为一种必然趋势,而社交元素在广播节目中的运用则成为这种融合的重要体现。首先,社交媒体的互动性为广播节目提供了新的可能性。传统的广播节目往往是单向的,受众只能被动地接受信息。而社交媒体的互动性为广播节目注入了新的活力,使得受众能够更加积极地参与到节目中来。例如,许多广播节目通过微信、微博等社交媒体平台与受众进行实时互动,受众可以通过这些平台发送语音、文字或图片参与到节目中,增强了节目的趣味性和参与感。其次,社交媒体的数据分析为广播节目提供了精准的用户画像。例如,广播媒体可以通过分析微博上的话题热度和用户关注点,了解受众对于某一话题的关注程度,从而在节目中进行有针对性的讨论和策划。此外,社交媒体成为广播节目传播的重要渠道。许多广播媒体通过在社交媒体上发布节目预告、直播链接或互动话题,吸引更多的受众参与和关注。此外,社交媒体上的分享和转发功能也进一步扩大了广播节目的传播范围和影响力。

然而,社交媒体与广播的深度融合也面临一些挑战和问题。首先,社交媒体的碎片化特征对广播节目的完整性和连贯性造成了一定的冲击。为了适应社交媒体的即时性和碎片化消费习惯,广播节目需要更加注重内容的精练和组织形式的创新。为了更好地运用社交元素,推动社交媒体与广播的深度融合,我们需要采取一系列措施。首先,广播媒体需要积极拥抱社交媒体平台,将社交元素纳入节目策划和制作的全过程。通过与受众的实时互动、精准推送和分享传播,增强节目的参与感和黏性。

## (二) 广播媒体的社交化战略

对于广播媒体而言,社交媒体不仅是传播信息的新渠道,更是与受众互动、提升品牌影响力和观众黏性的重要平台。因此,如何利用社交媒体实现广播媒体的社交化战略,成为广播行业关注的焦点。首先,社交媒体为广播媒体提供了与受众互动的新机会。传统的广播媒体往往是单向传播的,缺乏与受众的即时互动。而社交媒体的普及使得受众可以通过在线评论、留言和实时投票等方式参与到广播节目中,与主持人和其他受众进行交流互动。这种互动不仅增强了节目的趣味性和参与感,还能够帮助广播媒体更好地了解受众需求,为节目策划和内容制作提供有力支持。其次,社交媒体有助于提升广播媒体的品牌影响力。通过在社交媒体上发布内容、发起话题讨论和组织线上活动等方式,广播媒体能够扩大自身的影响力,吸引更多受众关注。同时,广播媒体可以利用社交媒体的数据分析功能,了解受众的兴趣和行为习惯,从而进行精准的内容推送和品牌营销。这不仅能够增强受众的满意度和忠诚度,还能够为广播媒体带来更多的商业合作机会。此外,社交媒体有助于增强观众黏性。在信息爆炸的时代,人们的注意力很容易被分散,而社交媒体可以帮助广播媒体留住受众的注意力。通过在社交媒体上发布高质量的内容和互动活动,广播媒体可以吸引受众持续关注和参与。同时,社交媒体上的分享和转发功能也能够将节目内容传播给更多潜在受众,进一步扩大观众群体。

然而,社交媒体与广播的深度融合也面临一些挑战和问题。其次,社交媒体的互动性对主持人的专业素养提出了更高的要求。主持人需要具备良好的沟通能力、应变能力和话题掌控能力,以保证节目的顺利进行。此外,社交媒体上的信息过载和虚假信息也可能对广播节目的内容产生干扰和误导。为了更好地利用社交媒体提升品牌影响力和观众黏性,广播媒体需要制定一套有效的社交化战略。首先,明确社交媒体的战略定位和目标受众,制定有针对性的内容策划和营销策略。同时,建立一支专业化的社交媒体运营团队,负责节目的内容制作和发布、与受众的互动交流以及数据分析等工作。其次,加强主持人在社交媒体方面的培训和能力提升,使其能够更好地应对互动环节和掌控话题走向。同时,建立完善的筛选机制和把关人制度,确保节目内容的真实性和权威性。此外,充分利用数据分析工具对社交媒体上的用户数据进行深入挖掘和分析,为节目的精准策划和推送提供有力支持。

## (三)社交媒体对广播商业模式的影响

在数字化时代的浪潮中,社交媒体以其独特的传播特性和用户交互性,对各行各业产生了深远的影响,其中也包括广播行业。社交媒体的崛起不仅改变了人们的信息消费习惯,也深刻影响了广播媒体的商业模式。本书将深入分析社交媒体对广播商业模式的影响,以及广播行业如何应对这种变革。首先,社交媒体的出现极大地拓宽了广播媒体的传播渠道。在传统的广播模式下,节目内容主要通过特定的频率进行传播,受众相对固定。同时,社交媒体上的分享和转发功能使得节目内容能够迅速扩散到更广泛的受众群体中,扩大了广播媒体的覆盖面。这为广播媒体带来了更多的广告和品牌合作机会,从而提升了商业价值。

其次,社交媒体对广播媒体的广告模式产生了显著影响。传统的广播广告往往是单向的、打断式的信息推送,而社交媒体的出现使得广告形式更加多样化,更具互动性。广播媒体可以通过社交媒体平台发布品牌广告、开展营销活动,与受众进行实时互动。这种互动性强的广告形式更容易吸引受众的注意力,增强了广告效果,也为广播媒体带来了更多的广告收入来源。此外,社交媒体促进了广播媒体的内容创新和个性化服务。

然而,社交媒体对广播商业模式的变革也带来了一些挑战。一方面,社交媒体的碎片化传播特点对广播节目的完整性和质量提出了更高的要求。为了适应社交媒体的传播特点,广播节目需要在内容策划和组织形式上进行创新,确保节目既有深度又有趣味性。这需要广播媒体在保持节目质量的同时,充分考虑受众在社交媒体上的消费习惯和口味变化。另一方面,社交媒体的竞争加剧也对广播媒体提出了新的挑战。在社交媒体平台上,信息过载现象严重,各种内容类型和来源的竞争激烈。广播媒体需要不断提升自身的传播力和影响力,才能在竞争中脱颖而出,吸引更多的受众和广告主。

## 四、社交媒体与广播的互动发展

### (一)社交媒体对广播传播方式的变革与创新

社交媒体为广播媒体提供了更为广泛的传播渠道。传统的广播媒体主要依赖于特定的频率进行传播,受众相对固定。而社交媒体的普及使得广播节目可以通过互联网和移动终端设备进行广泛的传播,突破了频率限制。这不仅扩大了广播媒体的覆盖面,还为其带来了更多的潜在受众。通过社交媒体平台,广播节目可以轻松地传播到世界各地,与全球范围内的受众进行互动。其次,社交媒体为广播媒体提供了更为丰富的互动形式。传统的广播媒体往往是单向传播的,缺乏与受众的即时互动。而社交媒体的出现使得广播媒体能够与受众进行实时互动,增强了节目的趣味性和参与感。听众可以通过社交媒体平台发表评论、提问或参与投票,与主持人或其他听众进行交流互动。这种互动不仅增强了受众的参与度,还为广播媒体提供了宝贵的反馈信息,有助于节目策划和内容制作的改进。此外,社交媒体推动了广播媒体的个性化发展。例如,基于大数据分析,广播媒体可以推出定制化的节目内容,满足不同受众群体的个性化需求。这种个性化的服务模式不仅能够增强受众的满意度和忠诚度,还能够进一步提升广播媒体的商业价值。另外,社交媒体提升了广播媒体的新闻传播速度。在新闻报道方面,社交媒体成了一种迅速而有效的传播渠道。通过社交媒体平台,广播媒体可以迅速获取新闻线索、发布最新消息并与受众进行实时互动。这种快速传播和实时互动的优势使得广播媒体在新闻报道方面更具竞争力。同时,社交媒体上的用户生成内容也为广播媒体提供了丰富的素材和观点,丰富了节目内容。

### (二)社交媒体营销与广播产业的融合发展

随着数字化时代的到来,社交媒体营销已成为企业推广产品和品牌的重要手段。广播产业作为传统媒体代表之一,也在寻求与社交媒体营销的深度融合,以应对新媒体的挑战和受众消费习惯的变化。首先,社交媒体营销为广播产业带来了新的传播渠道和受众群体。传统广播媒体的传播方式通常是线性、单向的,而社交媒体营销则具有交互性、个性化等特点。通过社交媒体平台,广播节目可以突破时间和空间的限制,与受众进行实时互动,吸引更多年轻听众。同时,社交媒体上的数据分析能够帮助广播媒体更精准地定位目标受众,实现内容传播的精准推送。其次,社交媒体营销丰富了广播节目的内容和形式。传统的广播节目内容通常以音频为主,形式单一。而社交媒体营销则为广播节目提供了多样化的素材和话题,通过与受众的互动,可以产生更多具有创意和价值的节目内容。例如,广播媒体可以通过社交媒体平台征集听众的故事、观点或建议,将这些元素融入节目中,增强节目的互动性和吸引力。此外,社交媒体营销有助于提升广播媒体的广告收入和商业价值。社交媒体平台为广播媒体提供了丰富的广告形式和创新机会。广播媒体可以利用社交媒体数据分析来精准定位广告受众,增强广告效果和投放效率。同时,通过与社交媒体平台的合作,广播媒体可以开发出更多具有互动性和参与感的广告形式,吸引品牌广告主的投放。

### 五、融合背景下的广播产业发展趋势

传统的广播模式逐渐被打破,与新媒体的融合成为广播产业发展的必然趋势。在此背景下,广播产业的市场格局也正在发生深刻的变化。本书将详细分析融合背景下广播产业的发展趋势,特别是市场格局的变化。首先,传统广播媒体的垄断地位受到挑战。过去,传统广播媒体在市场中占据主导地位,

但随着新媒体的兴起,这一格局逐渐被打破。新媒体平台如社交媒体、网络电台等凭借其互动性、个性化等特点吸引了大量受众。这导致传统广播媒体的受众规模逐渐缩小,市场份额面临下降的风险。其次,广播产业的多元化发展成为主流。例如,广播媒体开始涉足网络直播、社交媒体互动、音频点播等领域,以满足受众的多样化需求。这种多元化的发展趋势使得广播产业能够更好地适应市场变化,提升自身的竞争力。此外,广播产业的跨平台传播成为常态。随着新媒体的普及,广播产业的传播平台不再局限于传统的收音机,而是拓展到互联网、移动终端等多个平台。这种跨平台的传播方式使得广播媒体能够覆盖更广泛的受众群体,增强传播效果和影响力。同时,这也为广播产业带来了更多的商业模式创新机会。另外,个性化服务和定制化内容成为广播产业发展的重要方向。在融合背景下,受众的需求越来越多样化,他们更加注重个性化服务和定制化内容。为了满足这种需求,广播产业需要加强数据分析和技术应用,实现内容的精准推送和个性化推荐。这不仅能够增强受众的满意度和忠诚度,还能够增强广播媒体的差异化竞争优势。还有就是广播产业的品牌价值和影响力得到提升。在融合背景下,广播产业需要更加注重品牌建设和影响力提升。

## 六、未来广播产业的发展方向与机遇

随着受众需求的多样化,传统的广播模式已经难以满足人们的个性化需求。因此,未来的广播产业将更加注重个性化和定制化服务,以满足不同受众群体的需求。例如,通过数据分析和技术应用,广播媒体可以精准推送定制化的内容和服务,增强受众的满意度和忠诚度。其次,未来的广播产业将更加注重跨媒体融合和多元化经营。在融合背景下,广播产业不再局限于传统的音频内容制作和传播,而是向跨媒体融合和多元化经营方向发展。通过与新媒体平台、网络电台、社交媒体等跨媒体的合作与整合,广播媒体可以实现资源共享、优势互补,拓展自身的传播渠道和商业模式。这不仅能够增强广播媒体的竞争力和影响力,还能够为受众带来更加丰富多样的内容和服务。再者,未来的广播产业将更加注重技术应用和创新。随着新媒体技术的快速发展,广播产业需要紧跟技术发展趋势,积极引入新技术、新应用,提升自身的数字化、智能化水平。例如,利用人工智能技术实现智能推荐、语音交互等创新应用;利用虚拟现实技术提升广播媒体的沉浸感和互动性;利用云计算、大数据等技术实现数据驱动的内容策划和传播策略等。这些技术的应用和创新将为广播产业的未来发展带来更多机遇和挑战。此外,未来的广播产业将更加注重品牌建设和跨界合作。在融合背景下,品牌价值和跨界合作成为广播产业发展的重要方向。通过打造具有品牌特色的优质内容,增强与受众的互动和黏性,广播媒体可以在激烈的市场竞争中脱颖而出。同时,广播媒体还可以通过跨界合作、多元化经营等方式拓展自身的品牌价值和影响力。例如,与汽车制造商合作推出车载音频服务;与电商平台合作推出购物直播节目等。这些跨界合作将为广播产业的未来发展带来更多商业机会和创新空间。另外,未来的广播产业将更加注重社会责任和文化传承。在融合背景下,广播媒体需要更加注重社会责任和文化传承,发挥自身的媒体优势和影响力,推动社会文化的进步和发展。例如,推出具有文化内涵的专题节目、开展公益活动、加强媒体素养教育等。这些举措将有助于提升广播媒体的社会形象和公信力,为受众带来更有价值的内容和服务。

# 第二节　微博时代广播媒体的发展

## 一、微博时代广播媒体发展的必要性

随着信息技术的不断革新,微博等社交媒体平台迅速崛起,改变了人们的信息获取和交流方式。在这一背景下,广播媒体面临着巨大的挑战与机遇。因此,探讨微博时代广播媒体发展的必要性对于广播行业的未来发展具有重要意义。首先,微博时代为广播媒体提供了更广阔的发展空间。而微博等社交媒体平台的出现,使得信息传播变得更加交互和开放。广播媒体可以利用微博平台实时发布信息、与听众互动,拓展传播渠道,扩大覆盖范围。同时,通过微博平台的数据分析,广播媒体可以更好地了解受众需求,优化节目内容,增强传播效果。其次,微博时代为广播媒体提供了新的营销手段。在传统媒体环境下,广播媒体的营销方式相对单一,主要依靠广告和品牌宣传。而在微博时代,广播媒体可以利用微博平台的用户基数和传播优势,开展多样化的营销活动。例如,通过微博推广节目、开展线上活动、与粉丝互动等方式,加强与受众的联系,增强品牌知名度和忠诚度。此外,广播媒体还可以利用微博平台的广告投放系统,精准定位目标受众,增强广告效果和营销收益。此外,微博时代有利于推动广播媒体的数字化转型。随着数字化技术的不断发展,广播媒体的数字化转型已成为必然趋势。在微博时代,广播媒体可以利用微博平台的数据分析功能,对受众的收听习惯、喜好等进行深入研究,为数字化转型提供有力支持。例如,通过分析受众在微博上的互动行为和话题关注度等信息,广播媒体可以开发出更具针对性的数字化产品和服务,满足受众的多元化需求。这不仅能够提升广播媒体的竞争力,也有助于推动整个行业的数字化转型进程。

## 二、微博时代广播媒体的特点

### (一)广播媒体在微博时代的传播特性

微博作为一种流行的社交平台,对人们的信息传播方式和媒体生态产生了深刻的影响。在这一背景下,广播媒体积极适应时代变革,不断挖掘和发挥自身优势,形成了独具特色的传播特性。本节将对广播媒体在微博时代的传播特性进行深入分析。首先,微博的传播速度极快,使得广播媒体能够迅速捕捉新闻事件,实时更新,并快速传递给受众。这种实时性的传播方式满足了现代人对信息获取的需求,使广播媒体在新闻传播领域保持了竞争力。其次,传统的广播媒体主要是一种单向的信息传播方式,而微博则为广播媒体提供了一个与听众互动的平台。通过微博,广播媒体可以及时收集听众反馈,与听众进行实时互动,增强节目的参与感和黏性。这种互动性的提升不仅拉近了媒体与受众之间的距离,也使广播节目的形式和内容更加丰富多样。此外,微博用户群体庞大,每个用户的兴趣和需求各不相同。广播媒体通过分析用户在微博上的行为和关注点,可以精准推送个性化的内容和服务,满足不同用户的需求。这种定制化的传播方式有助于增强广播媒体的传播效果和用户黏性。另外,随着智能终端的普及和移动互联网的发展,微博与各类媒体的融合成为趋势。广播媒体可以利用微博平台进行内容推广,也可以将微博作为信息来源,丰富节目内容。这种跨平台的传播方式有助于扩大广播媒体的覆盖面和影响力。

值得注意的是,广播媒体在微博时代的传播特性还表现在其社会责任感方面。作为传统的大众媒体之一,广播媒体在传递信息、引导舆论、弘扬社会主义核心价值观等方面具有重要作用。在微博时代,广播媒体更加注重履行社会责任,通过发布权威信息、开展公益活动等方式,积极引导社会舆论,弘扬正能量。这种社会责任感不仅提升了广播媒体的公信力和形象,也增强了其与受众之间的情感纽带。

## (二)微博听众的特点及需求分析

微博听众作为广播媒体的重要目标群体,其特点与需求直接影响到广播媒体的内容制作、传播策略以及与听众的互动方式。微博听众的显著特点是年轻化和移动化。随着智能手机的普及和移动互联网的迅猛发展,越来越多的年轻人选择通过微博获取信息和娱乐内容。他们通常活跃在社交媒体上,对于新鲜事物和热门话题有着浓厚的兴趣,热衷于分享自己的观点和体验。同时,由于生活节奏的加快,他们对于信息的需求更加碎片化,希望在短时间内快速获取有价值的信息。因此,广播媒体在微博时代需要更加注重年轻听众的需求,提供短小精悍、话题性强、易于传播的内容,以吸引他们的关注。除了年轻化和移动化的特点,微博听众还表现出强烈的互动需求。在微博平台上,用户之间的互动成为信息传播的重要环节。听众不再满足于被动地接受信息,而是希望通过评论、转发、点赞等方式参与到节目中,与主持人或其他听众进行实时互动。这种互动不仅满足了听众的参与感,还为广播媒体提供了宝贵的反馈意见,有助于节目改进和优化。因此,广播媒体在微博时代需要积极与听众互动,回应听众的评论和问题,增强节目的互动性和参与感。此外,在信息爆炸的时代,每个听众的兴趣和需求各不相同。微博平台上的用户可以根据自己的喜好选择关注对象,定制个性化信息流。广播媒体可以利用这一特点,通过数据分析和技术应用,精准推送符合不同听众需求的节目内容和定制化服务。

在实践中,广播媒体可以通过与微博平台的深度合作实现资源共享和优势互补。例如,利用微博的实时互动功能增加节目的参与感和黏性;通过数据分析精准定位目标受众;利用微博广告推广节目和活动;与其他媒体或企业合作开展线上线下活动等。通过这些方式,广播媒体可以进一步拓展传播渠道和商业模式,提升自身的竞争力和影响力。只有了解并满足听众的需求,广播媒体才能在激烈的市场竞争中立于不败之地,继续发挥其在信息传播和社会发展中的重要作用。

### (三)微博与广播的互动模式及其影响

微博与广播作为两种不同的媒体形态,在微博时代形成了独特的互动模式,并对彼此产生了深远的影响。这种互动不仅丰富了信息传播的方式,也改变了媒体与受众之间的关系,推动了媒体生态的变革。微博作为一种社交媒体平台,具有实时性、互动性和广泛传播的特点。而广播媒体则拥有专业的制作团队、丰富的节目资源和公信力优势。当微博与广播相结合时,它们之间的互动模式主要表现为以下几个方面:首先,微博为广播提供了实时反馈和互动平台。传统的广播节目通常是单向传播,缺乏与听众的直接互动。而微博的出现打破了这一局面,听众可以通过微博评论、转发和点赞等方式参与到节目中,与主持人和其他听众进行实时交流。其次,微博为广播节目的推广和营销提供了新的渠道。广播媒体可以利用微博平台发布节目预告、精彩片段和互动话题等内容,吸引听众的关注并引导他们收听节目。同时,通过与微博大V、意见领袖等合作,广播媒体可以扩大节目的影响力和传播范围,增强品牌知名度。此外,微博与广播的结合推动了多媒体内容的创新。微博支持文字、图片、音频、视频等多种媒体形式的发布,为广播节目的多媒体化提供了可能。广播媒体可以在微博上发布节目音频、精彩瞬间和图文解说等内容,使节目更加生动有趣,满足听众多样化的需求。另外,微博与广播的互动模式还表现为跨平台合作和资源共享。微博平台上的用户群体庞大且多样化,为广播媒体提供了丰富的潜在受众资源。广播媒体可以与微博平台开展深度合作,共享内容资源和技术支持,实现跨平台传播和共赢发展。这种合作模式有助于扩大广播媒体的覆盖面和影响力,增强其在社交媒体时代的竞争力。

对于广播媒体而言,微博的互动性和实时反馈有助于改进节目内容和形式,增强节目质量和听众满意度;微博的推广和营销渠道有助于扩大节目影响力和品牌知名度;多媒体内容的创新有助于增强节目的可听性和观赏性;跨平台合作和资源共享有助于拓展传播渠道和商业模式。对于微博而言,与广播的结合丰富了其内容生态,吸引了更多潜在用户;通过与广播媒体的合作增强了其品牌价值和公信力;推动了多媒体内容的发展和创新。然而,微博与广播的互动模式也面临着一些挑战和问题。例如,如何保持节目的专业性和公信力,避免过度娱乐化和商业化;如何应对信息过载和碎片化带来的挑战;如何保护用户隐私和数据安全等。这些问题需要双方共同努力和探索解决之道。

### 三、微博时代广播媒体的发展策略

#### （一）内容创新：适应微博时代的广播内容制作

由于微博的传播速度快、覆盖面广，广播媒体可以及时获取新闻线索，快速制作和发布相关内容。例如，在突发事件或热点事件发生时，广播媒体可以通过微博平台实时更新进展情况，提供最新消息。这种实时性和动态性的内容制作方式不仅满足了听众对信息的需求，还增强了节目的可听性和吸引力。其次，传统的广播节目通常是单向传播，缺乏与听众的直接互动。而微博的出现打破了这一局面，为广播媒体与听众的互动提供了平台。通过微博，听众可以实时参与节目，发表自己的观点和看法，与其他听众进行交流。这种互动不仅增强了节目的参与感和黏性，也使广播媒体能够及时了解听众的需求和反馈，为节目调整提供依据。此外，随着信息爆炸和受众分化的趋势，每个听众的兴趣和需求各不相同。为了满足不同听众的个性化需求，广播媒体可以通过微博平台精准推送定制化内容。例如，根据听众的关注点和话题偏好，为其定制专门的节目或话题讨论。这种个性化内容的制作有助于增强广播媒体的传播效果和用户黏性，满足听众的个性化需求。另外，微博平台支持文字、图片、音频、视频等多种媒体形式的发布，为广播媒体提供了丰富的素材和发布渠道。广播媒体可以利用这一优势，将传统的音频内容与图片、视频等多媒体形式相结合，制作出更加生动、形象的内容。例如，在新闻报道中加入现场图片或视频片段，使听众更加直观地了解新闻事件的现场情况。这种多媒体内容的整合与发布有助于增强节目的可听性和观赏性，增强广播媒体的竞争力。不仅如此，在信息过载和碎片化的时代背景下，品牌化和专业化成为吸引听众的重要因素。广播媒体通过打造专业化的节目内容和品牌形象，可以树立自己在特定领域的权威地位。例如，针对汽车、音乐、体育等特定领域开设专业化的节目，提供专业知识和信息服务。这种品牌化和专业化的内容制作有助于增强节目的质量和听众的忠诚度，增强广播媒体的市场竞争力。还有就是，为了更好地适应微博时代的传播特点和社会环境，广播媒体还需要不断创新和完善内容制作流程。这包括加强内容策划、丰富节目形式、增强主持人素质、加强与专业机构的合作等方面的工作。通过不断创新和完善内容制作流程，广播媒体能够更好地满足听众的需求和增强节目的质量。

### (二)技术革新:利用新技术提升广播的传播效果

传统的广播信号传输过程中常常受到干扰,音质不佳。数字化技术的运用使得音频信号在传输过程中更加稳定,音质更加清晰。此外,数字化技术还使得广播媒体能够更加灵活地处理音频信号,创造出更加丰富和立体的声音效果,为听众提供更加优质的听觉体验。其次,互联网技术的运用拓展了广播媒体的传播渠道和受众范围。通过互联网,广播媒体可以将节目传输到全球范围内的听众。听众可以通过电脑、手机等终端设备随时随地收听节目,打破了传统广播的时空限制。此外,互联网技术还使得广播媒体能够与听众进行实时互动,收集反馈信息,及时调整节目内容和形式,提升节目的质量和受众的满意度。其次,社交媒体平台上的用户群体庞大,互动性强。广播媒体通过在社交媒体上发布节目内容、与听众互动,能够吸引更多听众的关注和参与。例如,通过微博、微信等社交媒体平台发布节目预告、话题讨论等内容,引导听众参与互动,增强节目的影响力和传播效果。同时,社交媒体的运用还使得广播媒体能够更好地了解听众的需求和反馈,为节目调整提供依据。此外,人工智能技术可以对大量数据进行分析和处理,为广播媒体提供精准的内容推荐和受众画像。例如,通过对用户的收听记录、搜索历史等数据进行分析,可以了解用户的兴趣和需求,为其推荐相关的节目内容。此外,人工智能技术还可以用于语音识别和语音合成,实现语音交互和智能问答等功能,增强节目的互动性和用户体验。通过 VR 和 AR 技术,广播媒体可以将音频内容与虚拟场景或现实场景相结合,创造出沉浸式的视听体验。例如,在音乐节目中运用 VR技术,听众可以仿佛身临其境地感受到现场演出的氛围;在新闻报道中运用AR 技术,听众可以在现实场景中看到虚拟的新闻信息提示或注释。这种新的传播形态和用户体验能够吸引更多年轻听众的关注和参与,提升广播媒体的吸引力和竞争力。还有就是,随着移动互联网的普及和智能终端的多样化,听众在不同终端收听节目的需求也越来越强烈。为了满足听众的需求和增强节目的覆盖面,广播媒体需要实现跨平台整合和多终端适配。这包括开发适用于不同终端的音频格式和播放器,实现节目的多平台发布和跨平台互动等。通过跨平台整合和多终端适配,广播媒体能够更好地适应移动互联网时代的发展趋势,增强节目的传播效果和用户体验。

### (三)营销策略:广播媒体的微博营销策略与实践

广播媒体在微博上的首个任务是建立并巩固品牌形象。通过精心设计的头像、封面和简介,以及定期更新的节目预告和精彩瞬间,官方微博可以迅速吸引粉丝关注,同时强化品牌的认知度和好感度。在微博上,内容是王道。广播媒体需要发布与节目相关、有趣且有价值的内容,以吸引和留住粉丝。这可以是节目的精彩片段、嘉宾的独家访谈,或是与节目主题相关的热点话题讨论。同时,结合微博的短视频功能,发布短视频内容能够进一步提升用户的互动率和参与度。其次,微博的互动性是其最大的特点之一。广播媒体应积极回应粉丝的评论和私信,定期组织话题讨论、问答等活动,增强与粉丝的互动。这样不仅能提升粉丝的忠诚度,还能通过粉丝的转发和评论扩大节目的传播范围。此外,利用微博提供的数据分析工具,广播媒体可以深入了解粉丝的兴趣、行为和需求,从而实现精准的内容推送和广告投放。例如,根据数据分析结果,针对不同受众群体推送不同类型的节目预告或广告,增强营销效果。另外,与微博上的知名博主或意见领袖(KOL)合作,可以让广播媒体的节目迅速触达更广泛的受众群体。通过与 KOL 的联合推广或内容共创,广播媒体可以借助其影响力和粉丝基础,提升节目的曝光度和收听率。

广播媒体可以通过微博组织线上线下的联动活动,如线上话题讨论、线下见面会等,将微博上的粉丝转化为节目的忠实听众。这种线上线下融合的策略能够增强粉丝的参与感和归属感,进一步提升节目的收听率和品牌影响力。在微博上,广播媒体还需要具备危机管理和公关应对的能力。当节目或品牌面临负面舆论时,应迅速、透明、负责任地进行回应和处理,以维护品牌形象和信誉。随着微博平台的功能和用户行为都在不断变化,广播媒体需要保持敏锐的洞察力,持续创新营销策略和实践方式。例如,紧跟微博平台的最新趋势和功能更新,如直播、短视频等,为粉丝带来更加丰富和多样的内容体验。

### (四)组织与管理:适应微博时代的广播组织变革

在当今的媒体环境中,广播行业正面临着前所未有的挑战和机遇。特别是在微博等社交媒体平台的冲击下,广播媒体的组织与管理需要不断地进行变革与创新,以适应快速变化的市场需求。为了在激烈的市场竞争中立足,广播组织需要关注内部组织结构的优化,增强人力资源的管理水平,以及完善激励机制。以下将重点讨论这些方面的变革及其在适应微博时代的重要性。

首先,优化内部组织结构是广播媒体应对市场变化的重要手段。在传统的广播组织结构中,各部门之间往往存在着信息不畅、协作不力的问题,这在一定程度上制约了媒体的创新与发展。为了打破这种僵局,广播组织需要建立起一种更加灵活、高效的组织架构。例如,可以推行项目制或中心制的管理模式,使不同部门之间能够更好地协同工作,快速响应市场的变化。此外,扁平化的组织结构也有助于增强决策效率和增强员工的积极性。

其次,人力资源管理也是广播组织变革的关键环节。在微博时代,人才是媒体竞争的核心要素。因此,广播组织需要建立一套完善的人力资源管理体系,吸引和留住优秀的人才。这包括制定科学的招聘流程、提供系统的培训计划、建立合理的薪酬体系以及打造良好的企业文化等。通过这些措施,广播组织可以提升员工的综合素质和专业技能,使他们更好地适应市场的变化和媒体的发展。

此外,完善激励机制对于激发员工的创造力和工作热情至关重要。在微博时代,信息的传播速度极快,受众的反馈也更加及时和直接。因此,广播组织需要建立起一种有效的激励机制,使员工能够更加积极主动地参与到节目的制作和推广中。这包括提供物质奖励和精神激励相结合的措施,如奖金、晋升机会、荣誉证书等。同时,广播组织还可以通过开展内部竞赛、优秀节目评选等活动,激发员工的竞争意识和创新精神。

在具体的实践中,广播组织可以采取多种方式来完善激励机制。例如,可以设立节目创新奖,鼓励员工在节目内容和形式上进行尝试;可以设立观众满意度调查,根据受众反馈来评选优秀节目和优秀员工;可以通过员工持股计划、股权激励等方式,使员工成为企业的利益共同体,共同分享媒体发展的成果。通过这些激励措施的实施,广播组织可以激发员工的积极性和创造力,从而增强节目的质量和市场竞争力。

除了以上提到的内部组织优化、人力资源管理和激励机制完善等方面外,广播组织还需要关注其他方面的变革。例如,在内容制作上要更加注重受众的需求和口味,增强节目的互动性和参与感;在品牌建设上要强化自身特色和品牌价值,提升媒体形象和市场影响力;在技术应用上要紧跟新媒体发展趋势,积极探索与新媒体的融合发展等。

### (五)品牌建设:增强媒体影响力

在当今的媒体环境中,品牌建设已成为广播组织获取竞争优势、提升市场地位的关键因素。品牌不仅是广播媒体的标志和形象,更是其核心价值的体现。因此,加强品牌建设对于增强媒体影响力、拓展市场份额具有重要意义。塑造品牌形象是品牌建设的基础。一个鲜明的品牌形象能够使广播媒体在众多竞争者中脱颖而出,吸引受众的关注。在塑造品牌形象的过程中,广播组织需要注重以下几个方面:首先,要明确品牌定位,根据目标受众的需求和喜好,打造独特的品牌个性;其次,要注重品牌识别系统的统一与规范,包括视觉识别、语言识别等方面,以提升品牌的辨识度和记忆度;此外,还要通过优质的内容、专业的报道和创新的节目形式等手段,不断提升品牌的美誉度和忠诚度。

强化品牌认同感是品牌建设的核心。品牌认同感是指受众对品牌的价值观、理念和文化等方面的认可和接受程度。为了强化品牌认同感,广播组织需要做到以下几点:首先,要树立以人为本的理念,关注受众需求,增强与受众的互动与沟通;其次,要打造独特的文化内涵,形成与众不同的品牌气质;此外,还要积极参与社会公益事业,提升品牌的社会责任感和公信力。通过这些措施的实施,广播组织可以建立起与受众之间的情感纽带,增强品牌认同感。拓展品牌价值是品牌建设的长远目标。品牌价值不仅包括品牌的市场份额和知名度等显性价值,还包括品牌的文化内涵、形象塑造等隐性价值。为了拓展品牌价值,广播组织需要注重以下几个方面:首先,要不断创新节目形式和内容,满足受众不断变化的需求;其次,要加强与其他媒体的合作与交流,提升品牌的跨平台传播能力;此外,还要积极开展市场营销活动,扩大品牌的市场份额和影响力。通过这些措施的实施,广播组织可以不断提升品牌的市场竞争力和社会影响力。

### (六)合作共赢:跨界融合发展

与新媒体平台的合作是跨界融合发展的关键。随着数字技术的快速发展,新媒体平台已成为信息传播的主要渠道。广播组织需要紧跟这一趋势,积极与新媒体平台展开合作,以拓展传播渠道、提升品牌影响力。例如,广播组织可以与社交媒体平台合作,利用其庞大的用户基数和实时互动功能,增强节目的互动性和参与感。此外,广播组织还可以与音频平台合作,推出自己的在线广播频道,满足不同受众的收听需求。通过与新媒体平台的合作,广播组织可以扩大自身的传播范围,增强收听率,从而实现品牌价值的提升。

整合行业内外资源也是跨界融合发展的重要手段。广播组织可以与相关行业的企业、机构等进行合作,共同开发新的节目形式和内容,实现资源共享、互利共赢。例如,广播组织可以与旅游部门合作,推出旅游主题的节目,提供旅游资讯和服务;还可以与文化机构合作,举办各类文化活动和展览,提升节目的文化内涵。通过整合行业内外资源,广播组织可以丰富自身的内容供给,增强节目的质量和吸引力,也可以拓展自身的业务范围,增加营收渠道。跨媒体营销与品牌推广对于跨界融合发展的成功至关重要。在多元化的媒体环境下,受众的注意力被分散,品牌的影响力难以集中。因此,广播组织需要采取跨媒体营销策略,将传统媒体与新媒体进行有机结合,实现品牌传播的全方位覆盖。例如,广播组织可以在传统广播节目的同时,通过社交媒体平台进行互动和推广;还可以利用数据分析技术,对受众的行为和喜好进行分析,制定精准的营销策略。通过跨媒体营销与品牌推广,广播组织可以更好地吸引和留住受众,增强品牌的市场份额和竞争力。合作共赢的跨界融合发展模式需要建立在良好的合作机制和共赢思维的基础上。广播组织需要积极寻找合作伙伴,建立稳定的合作关系,共同应对市场的挑战和机遇。同时,还需要注重合作的质量和效果,不断优化合作模式和策略,实现双方的互利共赢。

## (七)社会责任:传承优秀文化

在当今社会,广播组织作为主流媒体之一,不仅承担着信息传播的任务,还肩负着传承优秀文化、弘扬社会主义核心价值观的社会责任。广播组织通过参与和倡导媒体公益活动、增强公众媒体素养与文化品位等方式,积极履行社会责任,为社会发展贡献力量。首先,广播组织在传承优秀文化方面扮演着重要角色。优秀文化是人类文明的瑰宝,是民族凝聚力和创造力的重要源泉。广播组织通过制作和播出具有文化内涵的节目,如经典文学作品、音乐、戏剧等,引导受众领略传统文化的魅力,增强对民族文化的认同感和自豪感。此外,广播组织还可以通过举办文化活动、展览等形式,让受众亲身参与其中,感受文化的独特韵味。其次,广播组织在弘扬社会主义核心价值观方面具有不可替代的作用。社会主义核心价值观是当代中国精神的集中体现,是凝聚全社会共识、推动社会和谐发展的重要精神力量。广播组织通过新闻报道、专题节目等形式,深入宣传社会主义核心价值观的内涵和意义,引导受众树立正确的价值观念。同时,广播组织还可以通过开展主题活动、典型宣传等方式,推动社会主义核心价值观在实际生活中的践行。

参与和倡导媒体公益活动是广播组织履行社会责任的重要方式之一。媒体公益活动具有广泛的社会影响力和号召力,能够激发社会各界积极参与公益事业的热情。广播组织通过参与和倡导媒体公益活动,为弱势群体提供帮助和支持,促进社会公平正义。此外,广播组织还可以通过开设公益栏目、举办公益广告等形式,增强公众对公益事业的关注度和参与度。

增强公众媒体素养与文化品位也是广播组织履行社会责任的重要内容之一。随着信息技术的迅猛发展,媒体形式日益多样化,媒体内容也呈现出良莠不齐的现象。因此,增强公众的媒体素养与文化品位显得尤为重要。广播组织可以通过开展媒体素养教育、举办文化讲座等形式,增强公众对媒体信息的辨别能力,增强公众的批判意识,引导公众自觉抵制不良信息和文化糟粕,树立正确的文化价值观。

## 第三节　媒介融合背景下的数字广播发展策略

### 一、媒介融合对数字广播的影响

#### (一)技术进步与媒介融合的关系

回顾信息传播的历史,我们可以看到每一次技术革新都为媒介形式带来了飞跃。印刷术的发明使得书籍成为大众传播的重要媒介;无线电的发明催生了广播和电视媒体的兴起;互联网技术的发展则彻底颠覆了传统媒体格局,推动了新媒体的崛起。正是技术的不断进步,使得不同媒介之间能够打破界限,实现融合。其次,媒介融合是技术进步的必然结果。在数字化时代,信息以二进制的形式存储和传输,这为不同媒介之间的融合提供了便利。数字技术的普及使得文字、图像、音频和视频等多媒体内容能够统一处理和传输,从而打破了传统媒介之间的隔阂。此外,云计算、大数据和人工智能等前沿技术的发展,使得信息处理更加高效、智能,进一步加速了媒介融合的进程。此外,媒介融合对技术进步具有反作用力。一方面,媒介融合对技术提出了更高的要求,推动了技术的不断创新和进步。例如,高清视频、虚拟现实和增强现实等技术,都是在媒介融合的需求下发展起来的。另一方面,媒介融合过程中产生的大量数据和用户反馈也为技术研发提供了宝贵的资源,有助于改进和完善技术。

另外,技术进步与媒介融合共同推动传媒产业的变革与发展。一方面,技术进步为媒介融合提供了更多可能性,使得内容生产、传播和消费方式更加多样化。这不仅丰富了传媒产业的产品线和服务,还拓展了市场空间。另一方面,媒介融合促进了传媒产业的转型升级,加速了产业整合与重组。随着传统媒体与新媒体的深度融合,传媒产业逐渐形成了一个更加开放、多元和竞争的市场格局。

### (二)媒介融合对数字广播内容制作和传播方式的改变

传统的广播内容制作主要依赖于专业的制作团队,而在媒介融合的背景下,用户生成内容的模式逐渐兴起。这种模式的出现,使得数字广播能够更加灵活地利用受众的创意和资源,丰富节目的内容和形式。同时,通过与社交媒体的结合,数字广播能够实时获取受众反馈,对内容进行有针对性的调整和优化。其次,媒介融合改变了数字广播的传播方式。传统的广播传播方式往往是单向的,受众处于被动接受的状态。而随着媒介融合的深入发展,数字广播开始探索更加互动和个性化的传播方式。例如,通过引入在线点播、定制推送等功能,数字广播能够根据受众的需求和喜好,提供更加个性化的服务。此外,社交媒体的融入也使得数字广播的传播不再局限于传统的收听设备,而是可以通过多平台、多终端进行传播,进一步扩大了受众的范围。另外,媒介融合对数字广播的内容品质提出了更高的要求。在信息爆炸的时代,受众对于内容的需求更加多元化和精细化。为了在激烈的媒体竞争中脱颖而出,数字广播必须不断提升内容的质量和创新性。这不仅要求制作团队具备专业素养和创新意识,还需要充分挖掘和利用各种媒介资源,打造出富有特色和吸引力的内容品牌。因此,在媒介融合的背景下,数字广播需要不断创新和发展,以适应受众需求和市场变化。这要求数字广播不断更新内容创作理念和技术手段,加强与各种媒介的合作与交流,提升自身的综合实力和竞争力。同时,还需要关注行业政策、法规以及市场需求等方面的变化与发展趋势对数字广播的影响与制约因素等方面的探讨与实践,以全面提升数字广播的综合实力和竞争力。只有这样,数字广播才能在媒介融合的大潮中立于不败之地,为未来的发展奠定坚实基础。

### (三)媒介融合对数字广播受众行为和消费模式的影响

随着媒介融合的深入发展,数字广播受众的行为和消费模式也发生了显著变化。这种变化不仅体现在受众信息获取方式的多样性上,还体现在受众对内容的需求和消费习惯上。首先,媒介融合使得数字广播受众的信息获取方式更加多元化。在传统广播时代,受众主要通过收音机来获取信息。而在媒介融合背景下,受众可以通过多种终端和平台收听数字广播,如智能手机、平板电脑、车载设备等。这种多元化的信息获取方式使得受众能够更加灵活地选择适合自己的收听方式,也为数字广播提供了更多与受众互动的机会。其次,媒介融合对数字广播受众的内容需求和消费习惯产生了影响。在信息爆炸的时代,受众对于内容的需求更加多元化和精细化。他们不仅关注新闻、天气等传统广播内容,还对文化、娱乐、生活服务等领域的节目表现出浓厚兴趣。同时,随着移动互联网的普及,受众对于碎片化内容的消费需求增加,他们更倾向于在短时间内获取信息或娱乐。此外,媒介融合还促进了数字广播受众的互动和参与。传统的广播媒体往往是单向传播的,而数字广播借助新媒体平台和技术手段,可以实现与受众的实时互动。例如,通过在线投票、评论、分享等功能,数字广播能够及时收集受众反馈,让受众参与到节目中来,增强他们的参与感和归属感。这种互动模式不仅有助于提升节目的质量和效果,还能进一步扩大数字广播的影响力和受众基础。另外,媒介融合对数字广播受众的消费模式也产生了影响。随着移动支付和电子商务的普及,数字广播开始探索商业化运营模式。例如,通过与电商平台的合作,数字广播可以在节目中插入广告或推广商品,引导受众进行购买。这种消费模式的变革不仅为数字广播带来了新的盈利渠道,还能进一步促进数字广播与受众之间的互动和黏性。

## 二、数字广播的发展策略

### (一)利用媒介融合优势,提升内容创新和个性化服务

首先,数据驱动的内容创作和推荐是提升内容创新和个性化服务的重要

手段。通过收集和分析用户行为数据,数字广播可以了解受众的兴趣、偏好和需求,从而制定更加精准的内容创作和推荐策略。例如,根据用户收听历史和偏好,推送定制化的节目列表和内容推荐,增强用户满意度和忠诚度。此外,利用大数据技术对市场趋势进行分析,数字广播可以及时调整节目内容和形式,以满足市场需求和提升竞争力。其次,多平台多终端的同步发布是提升内容创新和个性化服务的另一关键策略。在媒介融合时代,受众的信息获取渠道和终端设备多样化,数字广播需要适应这种变化,实现多平台多终端的同步发布。这意味着数字广播不仅可以在传统的收音机上收听,还可以通过智能手机、平板电脑、车载设备等多种终端进行收听。通过多平台多终端的同步发布,数字广播可以扩大受众范围,增强收听率和影响力。同时,这种策略也有助于提升数字广播的互动性和个性化服务,满足不同受众的需求。此外,互动体验是提升内容创新和个性化服务的又一重要方面。在媒介融合的背景下,受众不再满足于单向的信息接收,他们渴望参与到节目中来,与主持人或其他受众进行互动。数字广播可以通过多种方式提供互动体验,如在线投票、评论、问答、分享等。这些互动功能不仅可以增强节目的趣味性和参与感,还可以让受众感受到更加个性化的服务。通过互动体验,数字广播可以收集用户反馈,了解受众的需求和意见,为内容创作和推荐提供更加精准的数据支持。

为了实现数据驱动的内容创作和推荐、多平台多终端的同步发布以及互动体验这三个关键策略,数字广播需要加强技术研发和创新投入。这包括引进先进的数据分析工具、开发多平台多终端的应用程序、优化互动功能等方面。同时,数字广播还需要建立一支具备专业素养和创新意识的团队,不断探索新的内容创作方式和传播策略。

### (二)加强技术研究与应用,提升广播服务质量

为了在激烈的竞争环境中取得优势,数字广播必须不断加强技术研究与应用,提升自身的服务质量。其中,高清、超高清广播技术的研发与应用,以及云计算、大数据、人工智能等新技术的应用,是提升广播服务质量的关键所在。首先,高清、超高清广播技术的研发与应用对于提升广播服务质量具有重要意义。随着观众对视听体验的要求不断增强,高清、超高清的音视频质量已经成为广播行业发展的必然趋势。通过高清、超高清技术的研发和应用,数字广播能够提供更加清晰、逼真的音视频效果,让观众获得更加沉浸式的收听体验。

这不仅可以吸引更多的受众,还可以提升数字广播的市场竞争力。其次,云计算、大数据、人工智能等新技术的应用也为提升广播服务质量提供了有力支持。云计算技术为数字广播提供了强大的计算和存储能力,使得大规模的数据处理和存储成为可能。大数据技术则能够帮助数字广播更好地收集、分析和利用受众数据,为内容创作和推荐提供更加精准的依据。而人工智能技术则可以应用于语音识别、自然语言处理等多个方面,提升数字广播的自动化和智能化水平。这些新技术的应用不仅有助于提升数字广播的服务质量,还有助于推动整个广播行业的创新与发展。通过不断探索和尝试新的技术手段,数字广播可以不断拓展自身的业务范围和商业模式,为未来的发展奠定坚实基础。

为了加强技术研究与应用,提升广播服务质量,数字广播需要采取一系列措施。首先,加大技术研发的投入力度,吸引和培养具备专业素养的技术人才。只有具备足够的技术实力,才能不断推动广播技术的创新与发展。其次,加强与高校、科研机构等的合作与交流,共同开展技术研究和应用探索。通过合作与交流,可以充分利用各方优势资源,加速技术成果的转化和应用。此外,积极参与国际国内的技术交流与合作活动,了解和掌握行业最新的技术动态和发展趋势。这有助于数字广播站在行业前沿,把握市场先机。

在实施这些措施的过程中,数字广播还需要注意几个关键点。一是要始终坚持以受众需求为导向,将提升受众体验作为技术研究和应用的核心目标。二是要注重技术的实用性和可操作性,确保技术成果能够真正转化为提升服务质量的实际效果。三是要加强技术风险的管理和防范,确保技术研发和应用过程中的数据安全和隐私保护。

## (三)构建多元化的盈利模式

构建多元化的盈利模式是数字广播实现可持续发展的关键,这涉及广告收入的多元化和精准化、用户付费服务的开发和推广,以及合作伙伴关系的建立和深化等多个方面。首先,广告收入的多元化和精准化是构建多元化盈利模式的重要一环。在传统广播时代,广告收入是主要的盈利来源,但在媒介融合时代,广告主的需求和投放方式发生了变化,要求数字广播提供更加多元化和精准的广告服务。数字广播可以通过提供定制化的广告方案、采用精准投放技术等方式,满足广告主的需求,增强广告收入。此外,数字广播还可以探索与社交媒体、电商平台等跨媒体平台的合作,实现广告收入的多元化。其次,用户付费服务的开发和推广也是构建多元化盈利模式的另一项重要策略。随着用户对内容品质和服务体验的要求增强,付费收听等服务逐渐成为数字广播的一个重要收入来源。数字广播可以提供独家内容、高品质的音效、定制化的推荐等服务,吸引用户付费收听。此外,通过开发会员制度、推出虚拟礼品等增值服务,数字广播也可以增加用户付费收入。另外,建立和深化合作伙伴关系也是构建多元化盈利模式的途径之一。数字广播可以与内容提供商、品牌赞助商、政府部门等建立合作伙伴关系,共同开发节目内容和营销活动。这种合作模式不仅可以提供稳定的收入来源,还可以提升数字广播的品牌价值和影响力。此外,数字广播还可以与电商平台、线下活动等合作,实现线上线下联动,拓展收入渠道。

在构建多元化盈利模式的过程中,数字广播需要注重以下几个方面。首先,要坚持以用户需求为导向,不断优化用户体验和服务质量。只有提供符合用户需求的产品和服务,才能吸引更多的用户付费和广告投放。其次,要注重数据分析和市场研究,了解用户和市场变化趋势,及时调整盈利模式和策略。最后,要保持创新精神,不断探索新的盈利模式和商业模式。例如,利用区块链技术实现内容版权保护和付费收听、利用虚拟现实技术提供沉浸式收听体验等。

### (四)培养专业人才,应对技术更新换代

数字广播应当重视专业人才的培养,增强从业人员的技能和素质,以适应不断变化的技术环境。首先,随着技术的发展,数字广播的内容创作和生产方式发生了很大变化。为了适应这一变化,数字广播需要培养一支具备多媒体制作技能、数据分析能力以及创新思维的内容制作团队。这支团队应该能够熟练运用各种新媒体平台和技术工具,根据不同受众的需求和市场变化,创作出具有吸引力和竞争力的内容。同时,数字广播还需要培养具备数字化管理和运营能力的人才,以提升自身的品牌价值和市场竞争力。其次,技术更新换代也要求数字广播的从业人员具备较高的技术素养和学习能力。随着云计算、大数据、人工智能等新技术的广泛应用,数字广播需要培养具备相关技术背景和实际操作能力的专业人才。这包括具备云计算技术的基础知识和实践能力、能够运用大数据技术进行数据分析和挖掘的人才,以及掌握人工智能技

术的算法和模型开发人员等。通过培养这些专业人才,数字广播可以更好地应用新技术提升自身的服务质量,实现技术驱动的创新发展。

为了实现专业人才的培养,数字广播需要采取一系列措施。首先,加强与高校和研究机构的合作,共同开展人才培养和科研合作项目。通过与高校和研究机构的合作,数字广播可以获得丰富的人才资源和最新的技术动态,为自身的技术创新和发展提供有力支持。其次,建立完善的培训体系,定期开展技术培训和交流活动。通过定期的培训和交流活动,数字广播可以提升从业人员的技能和素质,促进技术知识的共享和传播。此外,数字广播还可以通过参加国际国内的技术交流活动、引进具备丰富经验和专业技能的外籍人才等方式,拓宽自身的技术视野和人才资源。

在培养专业人才的过程中,数字广播还需要注意几个关键点。一是要注重人才的实践能力和创新思维的培养。除了掌握基本的理论知识外,专业人才还需要具备实际操作能力和创新思维,能够应对复杂多变的市场环境和技术挑战。二是要保持对新技术和新趋势的敏锐洞察力。随着技术的不断发展,数字广播需要时刻关注行业动态和技术趋势,及时调整人才培养的方向和策略。三是要建立良好的企业文化和激励机制,吸引和留住优秀人才。通过提供良好的工作环境和发展机会,数字广播可以激发员工的工作积极性和创造力,提升整体的人才竞争力。

（五）关注地域文化特色,满足本地受众需求

在全球化日益盛行的今天,地域文化特色成为各媒体平台争夺受众注意力、提升品牌影响力的重要资源。对于数字广播而言,关注地域文化特色、满足本地受众需求,不仅是提升服务质量和市场竞争力的关键,更是实现文化多样性和社会价值的重要途径。地域文化特色是一个地区在长期历史发展过程中形成的独特文化现象,包括语言、习俗、艺术、历史等多个方面。这些特色文化往往与当地受众的日常生活和精神世界紧密相连,具有深厚的群众基础和情感共鸣。因此,数字广播在内容制作和传播过程中,应该充分挖掘和展现地域文化特色,通过音视频等多媒体手段,让本地受众感受到熟悉和亲切的文化氛围。满足本地受众需求是数字广播关注地域文化特色的出发点和落脚点。不同地区的受众由于文化背景、生活习惯、审美趣味等方面的差异,对广播内容的需求也各不相同。数字广播应该通过市场调研和数据分析等手段,深入

了解本地受众的需求和喜好,有针对性地提供符合他们口味的内容。例如,在语言上,可以使用当地方言进行播报和交流,增强亲切感和认同感;在内容上,可以关注当地的历史文化、民俗风情、社会热点等话题,引发受众的共鸣和思考;在形式上,可以采用多样化的音视频表现形式,满足受众多元化的信息接收习惯。

关注地域文化特色、满足本地受众需求对于数字广播的发展具有多方面的重要意义。首先,这有助于提升数字广播的品牌影响力和市场竞争力。通过展现地域文化特色,数字广播可以形成独特的品牌形象和风格,吸引更多本地受众的关注和喜爱。同时,通过满足本地受众的需求和喜好,数字广播可以提升用户的满意度和忠诚度,进而在激烈的市场竞争中占据有利地位。其次,关注地域文化特色、满足本地受众需求也有助于实现文化多样性和社会价值。通过展现和传播各地独特的地域文化特色,数字广播可以促进不同文化之间的交流和融合,推动文化的多样性和包容性发展。同时,通过关注和反映当地社会热点和问题,数字广播可以发挥舆论监督和社会引导的作用,推动社会的进步和发展。

为了实现关注地域文化特色、满足本地受众需求的目标,数字广播需要采取一系列措施。首先,加强市场调研和数据分析工作,深入了解本地受众的需求和喜好。这可以通过问卷调查、访谈、社交媒体分析等方式实现。其次,建立一支具备地域文化素养和创作能力的专业团队,负责挖掘和展现地域文化特色。这可以通过招聘当地人才、与文化艺术机构合作等方式实现。同时,数字广播还需要加强与当地社区和相关机构的合作和交流,共同推动地域文化的传承和发展。

在实践过程中,数字广播还需要注意几个关键点。一是要尊重和保护地域文化的多样性和独特性,避免过度商业化和同质化倾向。二是要注重内容的真实性和客观性,避免误导受众或引发社会争议。三是要注重与受众的互动和反馈,及时调整和优化内容和服务质量。

# 第四节 数字广播产业价值链的构建及服务的延伸

## 一、当前数字广播市场的发展现状

随着科技的快速发展,数字广播市场呈现出蓬勃的发展态势。这一市场的崛起主要得益于数字广播技术的不断进步,相较于传统模拟广播,数字广播具有更高的传输效率和可靠性,能够提供更为清晰、稳定的音频信号。在内容和服务方面,数字广播市场呈现出多元化的发展趋势。除了传统的新闻、音乐、谈话等节目形式,数字广播还提供了大量的个性化定制服务。听众可以根据自己的喜好选择不同的播放列表、调整播放速度,甚至与节目进行互动。这种个性化的内容与服务满足了不同听众的需求,增强了数字广播的用户黏性。此外,数字广播正在与其他媒体形式进行深度融合,如与移动互联网的结合使得数字广播能够打破传统广播的地域限制,实现全球覆盖;与智能家居、车载娱乐系统的整合则进一步拓展了数字广播的使用场景。这种跨界融合不仅丰富了数字广播的内容和形式,还为其带来了更多的商业机会和合作伙伴。

然而,数字广播市场也面临着一些挑战与机遇并存的局面。随着新媒体的迅速崛起,传统广播的受众群体逐渐呈现老龄化趋势,年轻一代更倾向于使用互联网、手机等新媒体平台获取信息。这使得数字广播需要不断创新内容和形式,以吸引年轻听众的关注。同时,随着数字化进程的加速,版权问题也日益凸显。为了保护内容创作者的权益,数字广播需要建立完善的版权保护机制和管理体系。尽管如此,数字广播市场仍然拥有巨大的发展潜力。随着5G技术的普及和物联网的快速发展,数字广播将有更多机会融入人们的日常生活。例如,通过与智能家居、智能穿戴设备的结合,数字广播可以为用户提供更为便捷、个性化的信息服务。

## 二、数字广播产业的价值链分析

### (一)价值链的构建原理与方法

价值链是一个描述产品或服务从生产到消费过程中所经历的一系列活动的框架。对于数字广播产业来说,其价值链包括内容制作、传输、分发、接收以及服务等环节。每个环节都涉及不同的参与者,如内容提供商、技术供应商、广播电台、终端设备制造商等。这些参与者通过合作和竞争,共同创造价值并推动数字广播产业的发展。其次,构建数字广播产业的价值链需要遵循一定的原理。一是模块化原理,即将复杂的系统划分为一系列相对独立、易于管理的模块。在数字广播产业中,模块化原理有助于将价值链划分为不同的环节,每个环节由专业化的参与者负责。这有助于增强生产效率、降低交易成本,并促进创新。二是网络效应原理,即随着网络规模的扩大,网络中的个体和整体价值都会增加。在数字广播产业中,网络效应表现为参与者的相互依赖和协同,这种效应有助于提升整个产业的竞争力。三是价值转移原理,即价值在不同环节之间流动和转移。在数字广播产业中,价值转移表现为内容制作逐渐向传输和分发环节转移的趋势,这要求各环节的参与者不断适应变化并创造新的价值。

此外,构建数字广播产业价值链的方法包括:一是加强模块化设计,根据模块化原理,将数字广播产业划分为内容制作、传输、分发和接收等环节。这有助于明确各参与者的职责和角色,促进专业化分工。二是强化网络协同,通过建立良好的合作关系和信息共享机制,促进网络效应的发挥。各参与者应关注自身在价值链中的位置和作用,加强与其他环节的协同和配合,共同提升整个产业的竞争力。三是促进价值创新,随着技术的发展和市场环境的变化,数字广播产业需要不断创新以适应消费者的需求。各参与者应关注价值转移的动态,积极开拓新的价值点,推动整个产业的发展。例如,随着移动互联网的普及,数字广播可以与移动应用进行整合,提供更加个性化的服务,满足用户在移动场景下的需求。四是优化价值链管理,通过建立有效的管理机制和信息流、物质流、资金流的协调机制,提升整个价值链的效率。参与者应关注整个价值链的运作情况,协调各个环节的资源和流程,实现资源的优化配置和价值的最大化。

## (二)主要环节的成本分析及控制

在数字广播产业的价值链中,成本分析是关键的一环。它不仅关乎单个环节的运营效率,更影响着整个产业链的盈利能力和竞争优势。本节将运用学术性的语言,对主要环节的成本进行深入剖析,并提出相应的成本控制策略。首先,内容制作环节的成本分析。内容是数字广播的核心,其制作成本主要包括人力成本、设备成本以及版权费用等。其中,人力成本是主要的开销,涉及编剧、导演、演员等人员的薪酬;设备成本包括拍摄、录音、后期制作等所需的硬件设备及软件费用;版权费用则涉及音乐、影像等素材的使用授权。控制这一环节的成本,需要优化制作流程、增强工作效率并合理采购设备。其次,传输环节的成本分析。数字广播的传输依赖于高效稳定的数据传输网络。这一环节的成本主要包括设备购置、网络租赁以及维护费用。随着技术的进步,新一代的传输设备性能更高、成本更低,为成本控制提供了可能。此外,优化网络结构、增强传输效率也是降低成本的关键。最后,分发环节的成本分析。分发环节主要涉及将内容送达终端用户的过程。成本开销主要包括平台建设、运营以及推广费用。随着云计算和大数据技术的应用,建立集约化、智能化的内容分发平台能有效降低分发成本。同时,精准营销和个性化推荐也有助于增强用户黏性,从而降低获客成本。另外,接收环节的成本分析。终端设备是用户接收数字广播的媒介,其成本主要包括设备本身的制造成本和推广费用。随着市场竞争的加剧和规模化生产,终端设备的制造成本不断降低。而通过优化产品设计、减少非必要功能以及采用通用标准等方式,可以有效控制这一环节的成本。

在实施成本控制时,还需要注意以下几点原则:一是优先保障质量,在追求成本降低的同时,不能以牺牲内容质量为代价;二是分阶段实施成本控制策略,根据不同环节的特点和需求,有针对性地进行成本控制;三是强化技术创新,通过技术革新来降低各环节的成本是长期有效的策略;四是注重流程优化和协同合作,从整个价值链的角度出发,通过流程优化和各参与者的协同合作来达到降低成本的目的;五是培养全员成本意识,让每个参与者都意识到成本控制的重要性,并在自己的工作中落实成本控制策略。

## (三)各参与方的角色及其作用

在数字广播产业的价值链中,各参与方扮演着不同的角色,发挥着各自独特的作用。首先,内容创作者在数字广播产业的价值链中扮演着至关重要的角色。他们是整个价值链的起点,负责提供各类音频内容,满足听众的需求。内容创作者通过创作、策划和制作各种节目,为数字广播提供丰富多彩的内容资源。这些内容可以是新闻报道、音乐、谈话节目、娱乐节目等,它们不仅为听众提供信息和娱乐,还反映了社会的多元文化和价值观。内容创作者的作用在于不断推陈出新,创造出吸引听众的优质内容,从而提升数字广播产业的吸引力和竞争力。其次,数字广播平台作为价值链的核心环节,发挥着整合和调度资源的关键作用。数字广播平台是连接内容创作者和听众的桥梁,它通过技术手段将内容传输到听众的终端设备上。数字广播平台的功能包括节目的采集、编码、传输和分发等,确保内容能够以高质量、高效率的方式传递给听众。此外,数字广播平台还提供用户界面和互动功能,使用户能够方便地搜索、选择和定制节目。数字广播平台的作用在于提供稳定、高效的传输服务,并促进内容创作者与听众之间的互动,提升用户体验和忠诚度。再次,终端设备制造商在价值链中也扮演着重要的角色。他们负责设计和生产各种接收数字广播的终端设备,如收音机、智能音箱、车载设备等。终端设备是听众获取数字广播内容的媒介,其质量直接影响到听众的收听体验。终端设备制造商的作用在于不断研发新技术、推出具有竞争力的产品,以满足听众对音质、操作简便等方面的需求。同时,他们还需要与数字广播平台密切合作,确保终端设备能够与平台顺利对接,实现内容的流畅传输。

除了上述参与方,价值链还包括许多其他重要的角色。例如,广告商通过投放广告为数字广播产业提供收入来源;数据分析师通过对用户行为数据的分析,为内容创作者和数字广播平台提供有价值的洞察;政府部门则通过制定相关政策和法规,对数字广播产业进行监管和引导。这些参与方在价值链中发挥着各自的作用,共同推动数字广播产业的持续发展。

### (四)数字广播产业的竞争优势来源

技术优势是数字广播产业得以立足的重要基石。相较于传统的模拟广播,数字广播在技术上具有显著的优势。数字广播采用了先进的编码技术和传输手段,使得音频信号的传输更为高效、稳定,且抗干扰能力更强。这确保了听众在接收数字广播时能够获得清晰、无杂音的音质,从而增强了用户的收听体验。此外,数字广播还支持多通道、多制式传输,为内容创作者提供了更大的创作空间,能够满足不同听众群体的多样化需求。

内容创新是数字广播产业保持竞争力的关键因素。在信息爆炸的时代,内容的品质和独特性成为吸引听众的重要法宝。数字广播的内容创作者通过不断创新,提供丰富多样的节目形式和内容,满足不同听众群体的需求。例如,个性化的定制服务和互动功能的加入,使用户能够根据自己的喜好选择和参与到节目中,进一步提升了用户黏性和忠诚度。此外,商业模式的创新也是数字广播产业竞争优势的重要来源。随着技术的发展和市场环境的变化,数字广播产业的商业模式也在不断演进和创新。例如,通过与移动互联网的结合,数字广播突破了传统的地域限制,实现了全球覆盖。这为广告商提供了更广阔的市场空间和目标受众,从而提升了产业的盈利能力,扩大了产业的发展空间。此外,数字广播还与智能家居、车载娱乐系统等其他媒体形式进行深度融合,创新了商业模式和服务形式。

用户交互体验也是数字广播产业竞争优势的重要组成部分。随着用户对媒体体验需求的增强,简单的单向传输已不能满足听众的需求。数字广播通过提供个性化的定制服务和互动功能,使用户能够参与到节目中并与内容创作者进行交流。这不仅提升了用户黏性,还有助于收集用户的反馈和数据,为内容创作者提供有价值的洞察和改进方向。此外,数字广播产业还具有较强的灵活性和可扩展性。随着技术的不断进步和市场的变化,数字广播能够迅速适应和调整,引入新的服务和功能以满足用户的需求。例如,随着流媒体服务的兴起,数字广播平台可以轻松地为用户提供在线点播、回听等服务;随着智能设备的普及,数字广播可以与各类终端设备进行无缝对接,拓展其服务场景和覆盖范围。在未来发展中,数字广播产业应继续关注技术进步和市场需求的变化,不断进行创新和改进。通过持续优化用户体验、提升内容品质、探索新的商业模式和拓展服务场景,数字广播产业将进一步巩固其竞争优势并开拓更广阔的发展空间。

## 三、服务在数字广播产业中的延伸

### (一)服务模式的变化与创新

随着技术的进步和用户需求的变化,传统的服务模式已经难以满足市场的需求。因此,数字广播产业必须不断地进行服务模式的创新与变革,以适应不断变化的市场环境。首先,服务模式的创新与变革源于技术进步的推动。随着数字化技术的广泛应用,数字广播已经从传统的模拟信号传输转变为高效的数字信号传输。这不仅增强了音频质量,还为服务模式的创新提供了可能性。例如,通过引入流媒体技术,数字广播平台可以为用户提供实时的在线收听服务,用户不再受限于固定的播出时间和频率。此外,云计算和大数据技术的应用也为服务模式的创新提供了强大的支持。数字广播平台可以利用大数据分析用户行为和喜好,为用户提供更加个性化的服务推荐和内容定制。其次,随着生活水平的增强和信息获取方式的多元化,用户对数字广播的需求也日益丰富和多样化。他们不仅要求高品质的音频内容,还期望更多的互动和参与感。为了满足这种需求,数字广播产业不断探索新的服务模式。例如,通过引入社交媒体元素,数字广播平台可以为用户提供实时互动的功能,允许用户在收听过程中与其他听众进行交流和讨论。此外,一些平台还引入了虚拟现实(VR)和增强现实(AR)技术,使用户能够身临其境地参与到节目中,提升用户的沉浸感和参与度。此外,服务模式的创新与变革还体现在商业模式上的创新。传统的数字广播产业主要依赖广告收入和订阅费用来维持运营。然而,随着市场竞争的加剧和用户付费意愿的变化,单纯依赖传统的商业模式已经难以维系产业的可持续发展。因此,数字广播产业需要探索新的商业模式来增加收入来源。例如,通过与电子商务的结合,数字广播平台可以为用户提供与节目相关的商品和服务,实现商业化变现。此外,通过与移动支付平台的合作,数字广播产业也可以实现付费收听、打赏等新型商业模式,进一步丰富产业的盈利模式。另外,服务模式的创新与变革还需要关注用户体验的优化。在信息爆炸的时代,用户体验成为决定用户忠诚度和产业竞争力的重要因素。数字广播产业必须始终以用户为中心,关注用户的需求和反馈,不断优化服务流程和交互设计。例如,通过简化用户界面、提供个性化的推荐算法、完善用户社区建设等方式,数字广播平台可以提升用户的满意度和忠诚度。同时,通过建立有效的用户反馈机制,及时收集和处理用户的意见和建议,也能够促进服务模式的持续改进和创新。

## (二) 个性化服务的实现方式

推荐系统通过收集用户的行为数据和喜好,利用算法分析用户的偏好和兴趣,从而为用户推荐符合其需求的音频内容。例如,基于内容的推荐系统可以根据用户收听的历史记录,推荐相似类型的音频节目;协同过滤推荐系统则通过分析用户的行为和其他用户的行为进行比较,找出相似的用户群体,并推荐他们喜欢的音频内容给当前用户。个性化定制服务也是实现个性化服务的重要方式。通过提供个性化的定制服务,用户可以根据自己的喜好和需求定制音频节目。例如,用户可以选择自己感兴趣的主题或话题,数字广播平台根据用户的选择定制个性化的节目列表。此外,一些平台还提供个性化的播放列表功能,允许用户根据自己的喜好创建自己的播放列表,方便随时收听。此外,数字广播平台可以利用大数据技术对用户的行为和喜好进行分析和挖掘,从而更好地理解用户的需求和偏好。通过对用户的行为数据进行分析,可以发现用户的收听习惯、偏好以及兴趣点,进而为其推荐更加精准的音频内容。同时,通过数据分析和挖掘,还可以发现用户的潜在需求和兴趣点,为其提供新的内容和服务。另外,人工智能技术的发展也为个性化服务的实现提供了强大的支持。人工智能技术可以自动识别和分析用户的语音、语义等信息,从而更好地理解用户的意图和需求。例如,智能语音助手可以根据用户的语音指令自动播放用户喜欢的音频节目或查询相关信息;基于自然语言处理的文本分析技术也可以用于识别和分析用户的评论和反馈,为数字广播平台提供有价值的用户洞察。

除了技术手段,个性化服务还需要注重用户体验和隐私保护。在提供个性化服务时,数字广播平台需要充分考虑用户的隐私权和数据安全,确保用户数据的安全性和保密性。同时,平台还需要注重用户体验的优化,避免因过度个性化而给用户带来不适或反感的情绪。在实现个性化服务的过程中,还需要注意几个关键问题。首先,要确保服务的个性化和内容的多样性相辅相成。数字广播平台需要在满足用户个性化需求的同时,保持内容的多样性和丰富性,避免过于同质化或单一化的内容。其次,要重视数据的隐私保护和安全性。在收集和使用用户数据的过程中,数字广播平台需要严格遵守相关法律法规和伦理标准,确保用户数据的合法性和安全性。最后,要不断优化算法和增强个性化服务的精度。随着用户需求的变化和市场的竞争加剧,数字广播平台需要不断改进算法和增强个性化服务的精度,以更好地满足用户的喜好和需求。

### (三) 用户参与度对服务的影响

用户的参与度不仅关乎服务的满意度和忠诚度,还直接影响着数字广播产业的商业价值和可持续发展。因此,提升用户参与度已成为数字广播产业的核心战略之一。首先,用户的积极参与能够提供宝贵的用户洞察,帮助数字广播平台更好地理解用户需求,从而优化服务和内容。通过与用户的互动,平台可以及时发现并解决服务中存在的问题,增强服务质量和用户体验。同时,用户的反馈也为内容创作者提供了灵感和方向,有助于创造出更符合用户喜好的音频内容。其次,用户参与度对服务的商业价值具有重要影响。在数字广播产业中,广告收入是主要的盈利来源之一。而用户的参与度直接决定了广告的价值和效果。高参与度的用户通常对品牌和产品有更高的认知度和购买意愿,能够吸引更多的广告主和合作伙伴。此外,通过与用户的互动,数字广播平台可以深入了解用户的消费习惯和需求,实现精准营销和个性化推荐,增强广告的转化率和效果。此外,用户参与度有助于建立品牌忠诚度和提升用户黏性。在数字广播产业中,用户的忠诚度和黏性对于产业的可持续发展至关重要。高参与度的用户通常对数字广播平台更有归属感和认同感,更愿意长期使用该平台并推荐给他人。通过与用户的互动和社区建设,数字广播平台可以建立起用户的归属感和忠诚度,从而留住老用户并吸引新用户。同时,用户的口碑传播和推荐也能够为数字广播平台带来更多的流量和关注度。另外,用户参与度还对服务的创新和迭代产生积极影响。用户的反馈、意见和建议是数字广播平台不断创新和改进的动力来源。通过用户的参与和互动,数字广播平台可以及时发现潜在的问题和需求,了解市场的变化和趋势,从而不断优化服务和创新业务模式。用户的反馈也为数字广播平台提供了新的创意和灵感,有助于推出更具竞争力的产品和服务。

### (四)服务质量与用户体验的关系

用户体验并不仅仅是指产品或服务的实用性,更包括用户在使用过程中的感受和情感体验。因此,服务质量与用户体验的关系显得尤为重要。服务质量不仅直接影响着用户的体验,还决定了用户对企业的认知和忠诚度。首先,优质的服务质量是创造良好用户体验的基础。无论是线上还是线下,用户在与企业互动的过程中所感受到的服务质量都将直接影响他们的体验。优质的服务不仅能够提升用户的满意度,还能够提升用户的忠诚度,促进用户复购和口碑传播。其次,服务质量也是提升用户体验的重要手段。企业通过提供个性化、专业化和高效化的服务,可以满足用户的多元化需求,增强用户的归属感和信任感。此外,通过积极的用户反馈和投诉处理,企业可以深入了解用户的期望和需求,进而不断优化服务,提升用户体验。

此外,服务质量也是企业创新和发展的动力源泉。随着用户需求和市场环境的变化,企业需要不断创新以适应这些变化。而服务质量正是推动企业创新的重要因素。通过持续优化服务流程、增强服务水平,企业可以不断满足用户的新需求,从而在市场竞争中保持领先地位。为了提升服务质量,企业需要采取一系列措施。首先,企业需要建立以用户为中心的服务理念,将用户的需求和期望放在首位。其次,企业需要提供专业、友好的服务,增强用户的信任感和忠诚度。同时,企业还需要建立健全的客户服务体系,及时解决用户问题和投诉。

## (五)基于用户需求的服务创新

在数字广播产业中,服务创新正日益成为满足用户需求、提升产业价值的关键环节。用户需求是服务创新的出发点和落脚点。在数字广播产业中,用户需求呈现出多样化、个性化的特点。一方面,用户希望获得更加丰富、高质量的广播内容;另一方面,用户期待更加便捷、个性化的服务体验。为了满足这些需求,数字广播产业需要从多个层面进行服务创新。在内容层面,数字广播产业需要提供更加多样化、高质量的广播内容。这包括引入更多优秀的制作团队和主播,打造精品节目;同时,通过数据挖掘和人工智能技术,为用户提供更加精准的内容推荐,满足用户的个性化需求。在服务层面,数字广播产业需要提升服务的便捷性和个性化。这可以通过开发更加智能化的应用程序、优化用户界面和交互设计等方式实现。此外,引入社交功能、实时评论等互动元素,可以增强用户的参与感和黏性。在技术层面,数字广播产业需要不断引入新技术,提升服务的智能化和自动化水平。例如,利用5G、AI等技术,提升音频传输质量和处理效率;通过大数据分析用户行为和需求,为用户提供更加精准的服务。通过服务创新,数字广播产业可以提升用户体验和满意度,增强用户的黏性和忠诚度;同时,也可以为产业带来新的增长点和发展机遇。然而,在服务创新的过程中,数字广播产业也面临着一些挑战和问题,如如何平衡内容的丰富性与用户需求的个性化、如何保障用户隐私和数据安全等。这些问题需要产业内外各方共同努力和探索解决之道。

## (六)利用新技术提升服务体验

随着5G、物联网等技术的发展,数字广播可以实现更快速的内容分发、更稳定的信号传输,以及更广泛的覆盖范围。这使得用户无论是身处城市还是偏远地区,都能享受到清晰、流畅的广播内容。新技术为数字广播产业带来了更加智能化的服务模式。通过大数据、人工智能等技术,数字广播平台可以更精准地分析用户需求,提供个性化的内容推荐。例如,利用机器学习算法,根据用户的收听历史、兴趣偏好等信息,推送符合其需求的广播节目。这种智能化的服务模式不仅增强了用户体验,还有助于数字广播产业实现精细化运营和个性化营销。此外,新技术还为数字广播产业提供了更多的互动功能。传统的广播服务是单向的,用户只能被动地接收内容。而现在,通过互联网和社交媒体等技术,数字广播可以实现与用户的实时互动。例如,用户可以在收听节目的同时,通过社交媒体平台发表观点、参与讨论,甚至与其他用户进行互动交流。这种互动功能极大地增强了用户的参与感和黏性,进一步丰富了数字广播的服务体验。

值得注意的是,新技术在提升服务体验的同时,也给数字广播产业带来了新的商业模式和增长机会。例如,利用大数据分析用户行为,可以精准地投放广告;通过与电商平台的合作,可以将流量转化为实际的销售;借助虚拟现实(VR)技术,可以为用户提供沉浸式的广播内容体验。这些新的商业模式不仅有助于提升数字广播产业的盈利能力,还为其打开了更广阔的市场空间。

### (七)扩大服务覆盖范围和深度

传统的广播服务主要集中在城市地区,而农村和偏远地区往往是服务的盲区。为了实现更广泛覆盖,数字广播产业需要加强基础设施建设,增强信号传输的质量和稳定性。此外,通过与移动通信网络、卫星等技术的结合,数字广播可以进一步拓展其覆盖范围,将服务延伸至更广阔的地区。这不仅能够满足农村和偏远地区用户的需求,还能为数字广播产业开拓更广阔的市场空间。其次,深化服务内容是数字广播产业发展的另一重要方向。在传统的广播模式下,服务内容往往局限于音频节目,缺乏互动性和个性化。随着数字技术的进步,数字广播产业应提供更加丰富、多元化的服务内容。例如,除了传统的音频节目外,可以引入视频直播、互动问答、社交分享等功能,使用户能够更加深入地参与到广播服务中。此外,通过数据分析用户行为和需求,数字广播平台可以提供更加个性化的服务推荐,满足用户的个性化需求。

为了实现服务覆盖范围和深度的扩大,数字广播产业需要采取一系列的措施。首先,加强技术研发和创新是关键。数字广播产业应不断引入新技术,如人工智能、大数据等,提升服务的智能化和个性化水平。同时,还需要关注新兴技术的发展趋势,以便及时调整和优化服务模式。此外,政策支持和监管也是不可忽视的因素。政府应出台相关政策支持数字广播产业的发展,提供资金、技术等方面的支持。同时,政府还应加大对数字广播产业的监管力度,确保服务的规范化和合法化。通过政策支持和监管的共同作用,数字广播产业将能够实现更加健康、可持续的发展。

## (八)建立多元化的服务模式

多元化的服务模式是数字广播产业应对市场挑战的关键策略。在数字化、网络化的背景下,用户的需求呈现出个性化、碎片化、多样化的特点。为了满足这些需求,数字广播产业必须打破传统的单一服务模式,向多元化、综合型的服务模式转型。这包括提供多样化的内容、引入互动元素、增加社交功能、提供个性化推荐等。首先,多元化的内容提供是数字广播服务的基础。除了传统的音频节目外,数字广播平台还可以提供视频、图片、文字等多种形式的内容,以满足用户对于多媒体信息的需求。同时,针对不同用户群体,可以提供专业化、定制化的内容,如教育、健康、娱乐等领域的专业节目,以满足用户的个性化需求。其次,引入互动元素是提升数字广播服务吸引力的重要手段。通过引入评论、点赞、分享等社交功能,用户可以实时参与到节目的讨论中,与其他用户进行互动交流,增强用户的参与感和归属感。此外,还可以利用投票、问卷调查等方式收集用户反馈,为节目的改进和优化提供数据支持。

在建立多元化服务模式的过程中,数字广播产业也面临着一些挑战和问题。例如,如何平衡内容的多样性与个性化推荐的关系;如何确保互动元素的引入不会影响内容的品质和传播效果;如何在保障用户隐私和数据安全的前提下进行个性化推荐等。因此,在推进多元化服务的过程中,需要充分考虑这些因素,并采取相应的措施加以应对。

# 第五章 广播数字化转型战略规划

## 第一节 制定数字化转型的整体战略

### 一、资源整合与配置

#### (一)人员培训与招聘策略

在数字化转型的进程中,人力资源的培训和招聘策略占据着核心的地位。这两者不仅关乎企业的日常运营,更直接影响着企业数字化转型的成功与否。首先,人力资源培训策略在数字化转型中发挥着关键作用。随着技术的不断更新迭代,员工需要不断学习新技能以适应新的工作环境。因此,企业需要构建一套完善的培训体系,以提升员工的数字化技能和知识水平。这意味着培训内容需要紧跟数字化发展趋势,确保员工能够掌握新技术和新知识。同时,培训方式需要多样化,满足不同岗位和层次员工的个性化需求。除了传统的面对面授课,企业可以尝试在线学习、工作坊、实践操作等方式,增强员工的参与度和学习效果。此外,企业还需要对培训效果进行科学评估,以便及时调整和优化培训计划。这可以通过设置合理的评估标准和指标来实现,量化培训效果,并为未来的培训计划提供参考。其次,人力资源招聘策略同样重要。在数字化转型过程中,企业需要招聘具备数字化技能和知识的人才,以充实团队力量、推动业务创新。因此,企业需要明确招聘需求,通过对业务发展、岗位设置等进行全面分析,确定各岗位对人才的需求,并制定相应的招聘计划。同时,企业需要优化招聘流程,增强招聘效率并吸引更多优秀人才。这可以通过采用现代化的招聘方式来实现,如在线申请、AI筛选简历、视频面试等。此外,建立科学的人才评估机制也是关键。通过合理的评估标准和指标,企业可以对候选人的能力、潜力、职业素养等进行全面评估。同时,企业还需要注重候选人对企业文化、价值观等方面的适应性评估,以确保招聘到的人才能够更好地融入企业、发挥潜力。此外,企业还可以采用一些创新的做法来增强人力资源配置的效率和效果。例如,运用大数据分析、人工智能等技术手段对人力资源进行分析和预测,以更精准地匹配岗位需求和人才能力。此外,通过内部人才市场、员工轮岗等机制,促进内部人才的流动和共享,增强人力资源的利用效率。同时,企业应关注企业文化建设、激励机制设计、人才梯队建设以及跨部门协作与资源共享等方面的问题,以确保人力资源配置能够更好地服务于企业的数字化转型战略。

## (二)硬件与软件资源整合

在当今的数字化时代,企业的生存与发展越来越依赖于信息技术。因此,制定一个有效的数字化转型战略,尤其是关于硬件与软件资源的整合,显得尤为重要。这种整合不仅可以优化企业的运营流程,增强效率,还能增强企业的市场竞争力。在制定数字化转型战略时,企业首先需要认识到硬件与软件资源整合的重要性。这种整合并非简单地将硬件和软件拼凑在一起,而是要根据企业的业务需求和发展目标,对硬件和软件资源进行合理的配置和优化。

为了实现硬件与软件资源的有效整合,企业需要采取一系列措施。基于评估结果,企业可以制订详细的资源整合计划,明确整合的目标、范围和时间表。在实施过程中,企业需要选择合适的技术解决方案,如虚拟化技术、云计算平台等,以实现资源的动态分配和调度。同时,还需要加强数据迁移工作,确保数据的完整性、准确性和安全性。

然而,在实施硬件与软件资源整合的过程中,企业可能会遇到一些挑战。例如,技术更新迅速可能导致企业在技术选型上面临困难;数据迁移过程中可能出现数据丢失或损坏的风险;员工对新技术的接受程度可能影响资源整合的进度和效果等。为了应对这些挑战,企业需要采取相应的对策。例如,建立专门的技术团队负责跟踪和研究新技术发展趋势;制订完善的数据备份和恢复计划以确保数据的完整性和安全性;加强员工培训和激励机制以增强员工对新技术的掌握程度和应用能力;建立健全的安全保障体系以确保企业在资源整合过程中的信息安全。

## (三)预算规划与投资回报分析

硬件与软件资源的整合对于提升企业的运营效率、降低成本、增强市场竞争力具有重要意义。随着信息技术的迅猛发展,硬件和软件已经成为企业运营的两个重要支柱。硬件资源提供了数据处理和存储的基础设施,而软件资源则为企业提供了业务运营和管理的工具。通过整合硬件与软件资源,企业可以构建一个高效、灵活且可扩展的 IT 架构,从而更好地支持业务的发展。为了实现硬件与软件资源的有效整合,企业需要采取一系列实践路径。首先,企业需要对现有的 IT 架构进行全面的评估和分析,了解资源配置情况、性能表现以及存在的问题。这有助于企业制订出有针对性的资源整合计划。在实施过程中,企业需要选择适合自身业务需求的技术解决方案,如虚拟化技术、云计算平台等。同时,数据迁移工作也至关重要,确保数据的完整性、准确性和安全性是资源整合的基础。此外,人员培训也是资源整合过程中不可忽视的一环,增强员工对新技术的掌握程度和应用能力有助于推动整合工作的顺利进行。然而,硬件与软件资源整合也面临着一些挑战。技术更新迅速可能给企业选择合适的技术解决方案带来困难;数据迁移过程中可能出现数据丢失或损坏的风险;员工对新技术的接受程度可能影响资源整合的进度和效果等。为了应对这些挑战,企业需要采取相应的对策。例如,建立专门的技术团队负责跟踪和研究新技术发展趋势;制订完善的数据备份和恢复计划;加强员工培训和激励机制;建立健全的安全保障体系等。

## 二、技术选择与实施

### (一)选择合适的云服务提供商

云服务作为信息技术领域的一种创新,为企业提供了灵活、高效、可扩展的 IT 解决方案,从而推动业务流程的优化和创新。随着云计算技术的不断成熟和普及,越来越多的企业开始将业务迁移到云端,以享受云服务带来的便捷和高效。然而,在选择云服务提供商时,企业需要充分考虑多个因素,包括技术实力、服务质量、安全性、成本效益等。一个合适的云服务提供商不仅能够提供稳定可靠的云服务,还能根据企业的业务需求提供定制化的解决方案,从而帮助企业实现数字化转型的目标。在技术实力方面,企业应选择具有先进云计算技术和丰富实践经验的云服务提供商。这样的提供商能够提供更高效、更稳定的云服务,确保企业业务的连续性和稳定性。同时,技术实力强大的提供商还能为企业提供先进的技术支持和解决方案,帮助企业应对复杂多变的市场环境和业务需求。在服务质量方面,企业应选择能够提供优质客户服务的云服务提供商。优质的客户服务意味着提供商能够及时响应企业的需求和问题,并提供有效的解决方案。此外,提供商还应具备完善的服务体系和专业的服务团队,以确保企业在使用云服务过程中能够获得全方位的支持和帮助。在安全性方面,企业应选择能够提供严密安全保障的云服务提供商。安全性是企业选择云服务时最为关注的问题之一。一个优秀的云服务提供商应具备完善的安全管理体系和先进的安全技术,确保企业数据的安全性和隐私性。同时,提供商还应定期进行安全审计和风险评估,及时发现和解决潜在的安全隐患。在成本效益方面,企业应选择能够提供合理价格和灵活计费方式的云服务提供商。云服务的成本效益直接关系着企业的经济效益和竞争力。因此,在选择云服务提供商时,企业需要充分比较不同提供商的价格和计费方式,选择最适合自身业务需求和预算的提供商。同时,企业还应关注提供商是否提供折扣、优惠等促销活动,以降低云服务的成本。

除了以上四个方面的考虑因素,企业在选择云服务提供商时还需要注意以下几点:一是要了解提供商的市场声誉和客户评价,选择口碑良好的提供商;二是要关注提供商的发展前景和战略规划,选择具有发展潜力的提供商。

## (二)数据采集与存储

在大数据时代,企业需要从各种来源和渠道获取海量的数据,以支持业务决策和创新。数据采集涉及数据的识别、捕获和传输等多个方面。企业需要采用合适的技术和工具,确保数据的准确性和完整性。同时,企业还需要根据业务需求和数据特点,制定合理的采集策略,以满足不同部门和岗位的数据需求。其次,数据存储是数字化转型的重要支撑。随着数据量的增长,传统的存储方式已无法满足企业的需求。企业需要构建高效、可扩展的存储架构,以支持海量数据的存储和管理。同时,企业还需要关注存储的安全性和可靠性,确保数据的安全和完整。在选择存储解决方案时,企业需要根据自身业务需求和数据特点,选择合适的存储介质和架构,以降低成本并增强效率。在制定数字化转型战略时,企业需要充分考虑数据采集与存储的重要性。首先,企业需要建立健全的数据治理体系,明确数据的所有权、责任和流程,以确保数据的准确性和完整性。同时,企业还需要制定合理的存储策略和管理规范,确保数据的存储和管理符合业务需求和法规要求。其次,企业需要采用先进的数据采集和存储技术,以增强数据的处理速度和存储效率。例如,采用分布式存储和计算技术、云计算技术等,以增强数据的处理能力和存储容量。此外,企业还需要加强数据的安全保护,确保数据不被泄露或损坏。这包括采用加密技术、访问控制技术等措施,以保护数据的安全性和隐私性。

## 三、组织架构与文化变革

### (一)组织结构调整以适应数字化转型

随着技术的快速发展,传统的业务流程、产品和服务模式正在发生深刻变化。企业需要适应更加灵活、高效和协同的工作方式,以满足客户不断变化的需求。这就需要我们重新思考和优化组织结构的设置,以实现更加顺畅的沟通和更加高效的决策过程。扁平化的组织结构可以帮助缩短决策链条,增强企业对市场变化的响应速度。通过减少管理层级,企业的决策过程将更为迅速和灵活。员工将有更多的机会参与决策过程,从而增强他们的工作积极性和责任感。跨部门协同是另一个重要的调整方向。不同部门之间的合作与信息共享对于企业的整体运营效率至关重要。通过打破部门壁垒,企业可以更好地整合资源,增强工作效率,并快速应对各种业务挑战。数据驱动的决策制定也是数字化转型的重要组成部分。利用大数据技术对海量数据进行深入分析,企业可以获得更准确的业务洞察,从而做出更加科学和及时的决策。因此,组织结构需要支持数据驱动的决策方式,确保数据在企业内部的流通和使用。此外,培养创新文化和人才队伍也是组织结构调整的重要方面。企业需要创造一个鼓励创新、开放包容的工作环境,激发员工的创造力和创新精神。通过提供适当的培训和发展机会,企业可以建立一支具备数字化思维和技能的人才队伍,推动企业的数字化转型进程。另外,企业需要具备动态调整的能力。市场环境和技术的发展是不断变化的,企业的组织结构也需要随之调整。企业需要时刻关注外部环境的变化,并根据业务需求和市场趋势进行灵活的组织结构调整。这种动态调整的能力将有助于企业更好地适应数字化转型的挑战和机遇。

### (二)培养与倡导企业创新文化

企业需要建立一种鼓励创新和学习的文化。创新和学习是相辅相成的,企业需要不断学习和探索新的技术和业务模式,以适应数字化转型的需求。企业可以通过定期的培训、研讨会和分享会等形式,促进员工之间的知识交流和学习。其次,企业还可以设立创新奖励机制,鼓励员工提出新的创意和解决方案,激发他们的创新精神。此外,企业需要建立一种快速响应和灵活应对的文化。在数字化时代,市场变化迅速,企业需要具备快速响应和灵活应对的能力。通过建立敏捷的组织结构和流程,企业可以更好地适应市场变化,抓住机遇并应对挑战。这种文化将鼓励员工主动寻求变化,积极应对挑战,从而推动企业的数字化转型进程。

另外,企业需要重视团队合作和跨部门协作的文化。数字化转型往往涉及多个部门和多方利益相关者,需要团队合作和跨部门协作的支持。企业需要建立一种协作和共赢的文化氛围,促进不同部门之间的合作与信息共享。通过加强跨部门的沟通、协调和合作,企业可以更好地整合资源,增强工作效率,并推动数字化转型的整体战略实施。并且,培养创新文化不是一蹴而就的过程,而是一个长期、持续的过程。企业需要不断强化对创新文化的倡导和实践,通过各种方式激励员工的创造力和创新精神。只有持之以恒地培养和倡导创新文化,企业才能真正实现数字化转型并获得持久的竞争优势。

## (三)加强内部沟通,增强团队凝聚力

在传统的组织结构中,沟通往往受到层级结构的限制,信息传递缓慢且容易失真。为了解决这一问题,企业可以借助数字化工具如即时通信、企业社交网络等,建立多渠道、多层次的沟通体系。这样可以打破层级壁垒,促进信息的快速传递和共享,增强沟通效率。其次,企业需要注重培养员工的沟通能力。员工是内部沟通的主体,他们的沟通能力直接影响沟通效果。企业可以通过定期的沟通技巧培训、团队建设活动等形式,增强员工的沟通意识和技能。同时,企业还应鼓励员工积极倾听、反馈和表达意见,培养其良好的沟通习惯和合作精神。此外,开放、透明的文化有助于消除信息不对称,增强员工的信任感和归属感。企业可以通过公开业务数据、鼓励员工参与决策、及时反馈工作进展等方式,营造开放、透明的沟通氛围。这将有助于增强员工的参与度和工作积极性,推动企业的数字化转型进程。另外,企业需要关注团队建设,增强团队凝聚力。团队凝聚力是指团队成员之间的相互吸引力、协作能力和共同目标追求的程度。在数字化转型过程中,企业需要打造一支高效、协作

的团队,共同应对变革挑战。企业可以通过强化团队目标、建立互助机制、鼓励团队协作等方式,增强团队凝聚力。同时,企业还应关注团队成员的个人成长和发展,为其提供必要的支持和培训,激发其潜能和创造力。除此之外,企业需要运用数字化工具优化团队管理。数字化工具可以帮助企业更好地管理和激励团队成员,增强团队效率。例如,企业可以利用数字化平台进行任务分配、进度跟踪和绩效评估等管理工作。这样可以确保任务分配的合理性和工作进展的可视化,及时发现和解决问题。同时,数字化工具还可以帮助企业记录和分享团队成员的贡献和成果,表彰优秀表现者,激励整个团队不断进步。最后,企业需要持续优化内部沟通与团队管理流程。数字化转型是一个持续改进的过程,企业内部沟通与团队管理也需要不断适应变化的需求。企业应定期评估现有的沟通机制和团队管理策略的有效性,根据实际情况进行调整和优化。同时,企业还应积极收集员工的反馈和建议,持续改进内部沟通和团队管理工作,以更好地支持数字化转型的整体战略实施。

# 第二节 分析市场趋势和技术发展

## 一、市场趋势分析

### (一)宏观经济环境分析

互联网、移动互联网、物联网等技术的迅猛发展,为广播行业提供了更为广阔的发展空间。同时,大数据、云计算、人工智能等新兴技术的崛起,也为广播行业带来了数据分析和智能化服务的能力,使得广播媒体能够更好地满足用户需求,增强传播效果。其次,政策环境对广播数字化转型具有重要影响。政府对媒体产业的政策导向、对新兴技术的支持力度、对版权保护的法律法规等,都会对广播数字化转型产生深远影响。例如,政府出台相关政策鼓励媒体融合发展,为广播数字化转型提供了有力支持;同时,加强对版权的保护,有利于激励内容创作者投入更多优质内容,促进广播行业的健康发展。此外,经济发展对广播数字化转型也具有支撑作用。随着国民经济的持续增长,人们对于文化娱乐的需求不断增加,为广播行业提供了广阔的市场空间。经济的繁荣也带动了广告市场的活跃,为广播媒体提供了更多的广告收入来源。同时,经济的发展也促进了新兴技术的研发和应用,为广播数字化转型提供了技术保障。社会文化环境也对广播数字化转型产生了影响。随着社会的变迁和人们价值观的转变,广播听众的需求和习惯也在发生变化。例如,年轻一代听众更倾向于碎片化、个性化、互动性的内容消费方式,这促使广播媒体在数字化转型过程中不断创新节目形式和内容,以吸引年轻听众的关注。另外,国际竞争也为广播数字化转型带来了挑战与机遇。在全球化的背景下,国际媒体巨头纷纷布局数字化领域,对国内广播媒体造成了竞争压力。与此同时,国际竞争也为国内广播媒体提供了学习借鉴的机会,有助于提升自身的竞争力。此外,随着"一带一路"建设的实施,国内广播媒体也有机会拓展海外市场,提升国际影响力。

## (二)行业发展趋势

随着新媒体的崛起和传统媒体的不断创新,广播媒体不再局限于传统的声音传播,而是向多媒体、全媒体方向发展。这意味着广播媒体将更多地融入图片、视频、互动等多种形式,以满足听众的多元化需求。此外,广播媒体的内容类型也趋向多元化,涵盖新闻、娱乐、音乐、教育等多个领域,以满足不同听众群体的需求。其次,融合化也是广播行业发展的关键趋势。在数字化时代,媒体融合成为大势所趋。广播媒体将与报纸、电视、互联网等各类媒体进行深度融合,实现资源共享、优势互补。这种融合有助于提升广播媒体的传播力和影响力,扩大受众范围,增强广告价值。同时,广播媒体还将与社交媒体等平台进行融合,增强与听众的互动性和黏性。智能化趋势在广播数字化转型中日益凸显。随着人工智能、大数据等技术的广泛应用,广播媒体将实现智能化生产和传播。通过数据挖掘和分析,可以更精准地掌握听众的喜好和需求,实现个性化推送和定制化服务。同时,智能化技术还将应用于节目制作、编排和播放等环节,增强生产效率和传播效果。个性化是广播数字化转型的核心趋势。在信息爆炸的时代,听众对个性化内容和服务的需求日益增长。广播媒体将更加注重用户画像和数据分析,为不同听众群体提供定制化的内容和服务。例如,根据听众的喜好和收听习惯,推送符合其需求的节目和广告;通过互动形式,让听众参与节目制作和内容选择;利用数据分析优化节目编排和播放时段等。个性化的服务不仅能增强听众的满意度和忠诚度,还能为广播媒体带来更多的商业机会和广告收入。此外,社交化也是广播行业发展的重要趋势。在数字化时代,社交媒体成为人们获取信息和交流的主要渠道之一。广播媒体将更多地融入社交元素,通过与社交媒体的深度融合,增强与听众的互动和沟通。听众可以通过社交媒体平台实时参与节目互动、分享收听体验、发表观点和意见。这种社交化的互动模式有助于提升广播媒体的亲和力和黏性,增强听众的参与感和归属感。

### (三)消费者行为与市场细分

消费者行为的演变是广播数字化转型的核心驱动力。随着移动互联网的普及和智能终端的广泛使用,听众的收听习惯发生了显著变化。传统的固定时段、单一渠道的收听模式已经不能满足现代听众的需求。他们更倾向于随时随地、多元化渠道地获取音频内容。因此,广播媒体需要适应这种变化,提供更加便捷、个性化的服务以满足听众的需求。其次,消费者对音频内容的需求也呈现出多样化趋势。从音乐、新闻到娱乐、生活资讯,听众对内容类型的需求越来越广泛。此外,他们还对内容的品质和深度提出了更高的要求。听众不再满足于简单的信息传递,而是追求有价值、有观点、有态度的内容。因此,广播媒体需要在内容制作上不断创新,以满足听众对高质量音频内容的渴望。此外,消费者行为的社交化趋势也是广播数字化转型的一个重要方向。现代听众不仅仅满足于单纯地收听内容,他们更希望能够与广播媒体进行互动,表达自己的观点和情感。通过社交媒体等平台,听众可以实时参与节目互动、分享自己的见解并与他人交流。这种社交化的互动模式为广播媒体提供了新的机会,使得媒体与听众之间的联系更加紧密。同时,消费者行为的商业化趋势也为广播媒体的盈利模式带来了新的思考。随着广告模式的变革和付费媒体的兴起,广播媒体需要探索新的商业模式以实现盈利。例如,通过定制化广告、品牌合作、付费收听等方式,广播媒体可以拓展收入来源并增强自身的盈利能力。

### (四)竞争格局与企业战略调整

在数字化时代,信息传播的速度和广度大大提升,听众对内容的需求也呈现出多元化和个性化的特点。因此,广播媒体需要不断创新内容形式和节目类型,以满足不同听众群体的需求。同时,广播媒体还需要关注内容的品质和深度,提供有价值、有观点、有态度的内容,以吸引听众的长期关注和支持。其次,技术应用在竞争格局中发挥着越来越重要的作用。随着数字化技术的发展,广播媒体的生产和传播方式发生了巨大变革。企业需要紧跟技术发展趋势,积极应用新兴技术,如人工智能、大数据、云计算等,以增强生产效率、传播效果和用户体验。同时,企业还需要关注跨媒体平台的整合与运营,实现多渠道、多终端的内容分发和互动交流。商业模式创新也是企业战略调整的重要方面。在数字化转型的背景下,单一的广告模式已经难以满足广播媒体的发展需求。企业需要探索新的商业模式,如付费内容、定制服务、线上线下活动等,以拓展收入来源和提升盈利能力。此外,企业还需要关注与各类媒体和产业的合作与融合,实现资源共享和互利共赢。另外,企业还需要重视品牌价值和用户体验。在信息爆炸的时代,品牌成为听众选择媒体的重要因素之一。广播媒体需要塑造独特的品牌形象和价值主张,以吸引和留住听众。同时,企业还需要关注用户体验,通过优化界面设计、增强服务质量等方式提升用户满意度和忠诚度。另外,企业需要建立适应数字化转型的组织架构和管理体系。数字化转型不仅涉及技术和业务的变革,还涉及组织架构和管理体系的变革。企业需要建立灵活、高效的组织架构,以适应快速变化的市场环境和技术趋势。同时,企业还需要完善管理体系,包括人力资源管理、财务管理、风险管理等方面,以确保数字化转型的顺利进行。

## 二、技术发展分析

### (一)技术创新与应用现状

数字化技术不仅改变了广播媒体的传统生产与传播方式,还极大增强了用户体验和商业模式创新。接下来,我们将深入探讨技术创新与应用的现状,以及它们对广播行业的影响和未来的发展趋势。首先,数字化技术为广播媒体带来了更加高效和灵活的生产方式。传统的广播制作过程通常需要耗费大量时间和人力,而数字化技术大大简化了这一流程。现在,音频的录制、编辑、混音和传输都可以通过数字化设备在短时间内完成,极大地增强了制作效率。此外,数字化技术还使广播媒体能够更加灵活地处理和编辑内容,满足不同受众群体的多样化需求。其次,数字化技术彻底改变了广播媒体的传播方式。在传统模式下,听众只能通过固定的收听设备收听广播,而数字化技术打破了这一限制。现在,听众可以使用智能手机、平板电脑等移动设备随时随地收听广播内容。这种传播方式的变革极大地扩展了广播媒体的覆盖范围,使其能够触及更广泛的受众群体。此外,数字化技术还显著提升了广播媒体的用户体验。通过数字化技术,广播媒体提供了更高质量的音频内容,改善了用户的收听体验。同时,数字化技术还使广播媒体能够实现个性化推送和定制化服务,满足不同听众的个性化需求。这种个性化的服务模式有助于增强用户的忠诚度和参与度。尤其是人工智能和大数据技术,为广播媒体的智能化生产和传播提供了有力支持。通过数据挖掘和分析,媒体可以更加精准地了解用户需求和喜好,优化内容生产和推送策略。

## (二)关键技术领域的突破

云计算技术的广泛应用为广播媒体提供了强大的基础设施支持。通过将内容存储在云端,媒体可以实现全球范围内的内容分发,打破了传统广播的地域限制。同时,云计算的弹性资源分配特性使得广播媒体可以根据业务需求灵活地扩展或缩减计算和存储资源,大大降低了运营成本;流媒体技术的持续优化也为广播媒体的数字化转型提供了重要支撑。随着5G等新一代通信技术的发展,流媒体技术的传输速度和稳定性得到了进一步提升。这使得广播媒体能够提供更高质量的音频内容,满足用户对高品质收听的需求。同时,流媒体技术还使得广播内容能够实现实时传输,为用户提供更为便捷的收听体验;人工智能与大数据技术的深度融合是另一个关键领域。通过大数据分析,广播媒体可以深入了解用户需求和行为特征,从而优化内容生产和推送策略。人工智能技术还可以应用于语音识别、智能客服等领域,增强用户体验和媒体服务水平。这些技术的结合使用使得广播媒体能够实现个性化推送和定制化服务,更好地满足用户的个性化需求;虚拟现实(VR)和增强现实(AR)技术的融合应用,为广播媒体提供了更加沉浸式的用户体验。通过将虚拟现实和增强现实技术与音频内容相结合,广播媒体能够创造出更具吸引力和互动性的内容。这种创新的内容形式使用户能够通过视觉、听觉等多重感官体验音频内容,增强了用户的参与度和黏性。社交媒体的深度整合使得广播媒体能够更好地融入用户的日常生活。通过与社交媒体的结合,广播媒体可以提供更加互动和社交化的服务,如在线直播互动、话题讨论等,增强用户的参与度和黏性。同时,社交媒体还为广播媒体提供了更多的数据来源和用户反馈渠道,有助于提升内容生产和传播的精准度;智能语音技术的发展与应用,为广播媒体的交互方式带来了革新。通过语音识别和语音合成技术,用户可以更加便捷地与广播媒体进行互动,增强了用户体验。智能语音技术还丰富了广播媒体的内容和服务形式,如语音搜索、语音推荐等。此外,区块链技术的潜在应用也为广播媒体的数字化转型提供了新的可能性。区块链的去中心化和不可篡改特性为内容版权保护和真伪鉴别提供了新的解决方案。这有助于防止内容盗版和侵权行为的发生,保护广播媒体的合法权益。同时,区块链技术还可以用于内容溯源和真伪鉴别,确保广播媒体传播的信息真实可信。

### (三)技术融合与跨界发展

在当今瞬息万变的市场环境中,技术融合与跨界发展已经成为企业应对市场趋势与技术发展的关键策略。技术融合是指不同技术之间的交叉与整合,通过将不同领域的技术进行有机结合,提供出更具竞争力的产品或服务。跨界发展则是指企业突破原有的行业边界,拓展新的业务领域,通过多元化的经营策略实现可持续发展。作为应对市场趋势与技术发展的重要策略,技术融合与跨界发展有着独特的价值和意义。首先,技术融合有助于企业增强创新能力和市场竞争力。通过不同技术的交叉融合,企业可以突破传统思维的限制,发掘出新的商业机会和创新点。同时,技术融合还可以降低生产成本、提升产品性能、满足消费者多样化的需求,进一步巩固和拓展市场份额。跨界发展则能够帮助企业实现多元化经营和资源共享。在传统产业模式下,企业通常面临资源局限和市场竞争的压力。而通过跨界发展,企业可以拓展新的业务领域,发掘潜在的商业机会,实现资源共享和优势互补。这不仅可以降低经营风险,增强盈利能力,还可以为企业带来更多的发展机遇和空间。

为了成功实施技术融合与跨界发展的策略,企业需要采取一系列具体措施。首先,企业需要具备开放的心态和跨界思维,勇于尝试和探索新的技术领域和市场机会。同时,企业应加强技术研发和创新投入,培养跨界人才队伍,提升自身的技术实力和创新能力。其次,企业需要积极寻找和建立合作伙伴关系。跨界合作可以帮助企业突破行业壁垒、共享资源、降低风险。在合作伙伴的选择上,企业应注重双方的匹配度和协同效应,寻求长期的战略合作。同时,企业还需要建立良好的沟通机制和合作平台,确保合作项目的顺利推进和实施。此外,企业还需要关注市场需求的变化和消费者需求的升级。在技术融合与跨界发展的过程中,企业应以市场需求为导向,深入了解消费者的需求和期望。通过市场调研和分析,企业可以发掘潜在的消费者需求和商业机会,为技术融合与跨界发展提供有力的市场支撑。同时,企业还应注重产品的质量和服务的提升,树立良好的品牌形象和市场口碑。

在实施技术融合与跨界发展的过程中,企业还需要注意风险控制和组织变革管理。跨界发展往往会面临新的挑战和风险,如市场不确定性、技术更新换代等。因此,企业应建立健全的风险管理体系,对各种可能出现的风险进行充分评估和预警,并制定相应的应对措施。同时,组织变革也是跨界发展的重要环节。企业应注重组织结构的调整和优化,以适应新的业务模式和市场环境。通过建立灵活的组织结构、优化内部流程、增强管理效率等措施,企业可以更好地支持技术融合与跨界发展的战略实施。另外,企业文化建设和人才激励机制也是跨界发展的关键因素之一。在跨界发展的过程中,企业需要培养具备创新意识和跨界思维的人才队伍。因此,企业文化应倡导开放、包容、创新的价值观念,激发员工的创造力和潜能。同时,企业还应建立完善的人才激励机制,包括薪酬福利、晋升机会、培训发展等方面,吸引和留住优秀的人才为企业的发展贡献力量。

## (四)技术发展对市场的影响

随着科技的迅猛发展,技术发展对市场的影响日益显著。从宏观层面来看,技术发展推动着市场结构的变革和产业升级;从微观层面来看,技术发展影响着企业的经营策略和市场竞争格局。首先,技术发展对市场结构的影响是深远的。传统的市场结构往往受到地域、资源、政策等因素的限制,而技术发展打破了这些限制,使得市场结构更加开放和多元。例如,互联网技术的发展使得全球范围内的商品和服务得以流通,消费者可以更加便捷地获取来自世界各地的产品。这导致了市场竞争的加剧,促使企业不断提升自身的创新能力,以应对市场的变化。其次,技术发展推动了产业的升级和转型。随着新技术的不断涌现和应用,传统产业得以升级改造,新兴产业得以崛起和发展。例如,人工智能、大数据、云计算等技术的发展,为各行各业提供了强大的技术支持和创新动力。这些技术的广泛应用不仅提升了产业的效率和质量,还催生了一系列新的商业模式和业态,如共享经济、智能制造、在线教育等。

对于企业而言,技术发展对其经营策略和市场竞争格局的影响也是不容忽视的。一方面,企业需要紧跟技术发展的步伐,不断更新自身的产品和服务,以满足市场的需求。另一方面,企业需要借助技术手段提升自身的竞争力,如通过大数据分析了解消费者需求、利用人工智能提升生产效率等。同时,技术发展也使得市场竞争更加激烈,企业需要不断创新和变革,才能在市场中立足。

### 三、应对市场趋势与技术发展的策略建议

#### (一)加大研发投入,培育核心竞争力

随着技术的不断进步,广播媒体需要不断更新设备和系统,以适应新的传播方式和市场需求。通过增加研发投入,广播媒体可以获得更多的技术支持和创新能力,保持技术领先地位,满足用户不断升级的需求。这不仅有助于增强媒体的运营效率,还可以为媒体带来更多的商业机会。在研发投入方面,广播媒体应注重人才培养和引进。建立一支具备专业知识和技能的研发团队,能够为媒体提供持续的技术创新和解决方案。同时,与高校和研究机构建立合作关系,共同开展研发项目,可以进一步提升媒体的研发能力。通过与专业机构合作,广播媒体可以获得最新的技术动态和专业知识,从而更好地应对市场和技术变化。其次,培育核心竞争力是广播媒体应对市场竞争的关键策略。在数字化时代,媒体的核心竞争力不仅体现在内容生产上,还涉及用户体验、商业模式等多个方面。通过加大研发投入,广播媒体可以不断提升自己在内容制作、用户体验、技术应用等方面的优势,形成独特的市场竞争力。

#### (二)跨界整合资源,实现互利共赢

随着全球化进程的加速和科技的日新月异,市场趋势和技术发展呈现出前所未有的复杂性和多变性。企业若想在这样的环境中立足并取得成功,就必须不断地调整自身的战略视角和经营模式。其中,跨界整合资源,实现互利共赢的理念,正逐渐成为一种重要的策略选择。跨界整合资源,要求企业能够突破传统思维模式,具备更广阔的视野和更灵活的思维方式。这意味着企业不能仅仅局限于自身的领域,而应该积极寻求与其他行业的合作机会。通过跨界整合,企业可以发掘出新的商业机会、创造出独特的竞争优势、提供更全面的解决方案,从而满足市场的多元化需求。实现互利共赢,则强调企业在跨界整合的过程中,应注重与合作伙伴的共同发展。企业应充分认识到,在竞争

激烈的市场环境中,单打独斗难以取得成功。只有通过合作,实现资源共享、优势互补,才能更好地应对市场的挑战。同时,企业应注重长远利益,避免短视行为,努力构建长期稳定的合作关系。

为了实现这一策略建议,企业需要采取一系列具体的措施。首先,企业应具备敏锐的市场洞察力,及时捕捉市场趋势和技术发展的动态。这意味着企业需要加强市场调研,了解客户需求、竞争对手动态以及行业发展趋势等信息。通过深入分析这些信息,企业可以明确自身的优势和不足,从而制定出有针对性的跨界整合策略。其次,企业应积极寻找并建立合作伙伴关系。这需要企业具备良好的资源整合能力和沟通能力。在选择合作伙伴时,企业应注重双方的匹配度和协同效应,确保合作的长期稳定和高效。同时,企业还应建立有效的沟通机制,及时解决合作中遇到的问题,增进双方之间的信任与合作。此外,企业应注重创新能力的提升。跨界整合资源需要企业具备创新思维和创新能力,不断探索新的商业模式和合作方式。通过加大研发投入、引进优秀人才、建立创新团队等方式,企业可以提升自身的技术实力和市场竞争力。同时,企业还应关注知识产权保护,确保自身的创新成果得到充分保护。

### (三)提升团队素质,激发创新活力

随着科技的快速发展和市场的不断变化,企业需要不断更新员工的知识和技能,以适应外部环境的变化。人才培养不仅有助于增强员工的专业素质和工作能力,还有助于增强企业的核心竞争力。企业应建立完善的人才培训体系,为员工提供持续学习和发展的机会。此外,企业还应重视人才的定向培养和跨部门交流,以便更好地满足业务发展的需要。通过系统培训和教育,企业可以培养出一支具备高素质、高效率和高执行力的团队,为应对市场趋势与技术发展奠定坚实基础。其次,提升团队素质也是企业应对市场趋势与技术发展的重要策略。一个高素质的团队具备高度的协作精神和执行力,能够更好地应对市场的变化和技术的革新。企业应明确岗位职责和目标,确保每个员工都清楚自己的工作要求和期望成果。通过有效的团队协作和沟通,可以增强工作效率、减少内部冲突,并增强团队的凝聚力。此外,企业还应建立完善的激励机制,包括合理的薪酬体系、晋升通道以及非物质激励措施,以激发员工的工作积极性和创造力。通过提升团队素质,企业可以更好地应对市场趋势与技术发展的挑战,实现持续发展。另外,激发创新活力是企业应对市场

趋势与技术发展的必要策略。创新是企业发展的动力源泉,只有不断创新才能应对市场的变化和技术的革新。企业应营造创新的文化氛围,鼓励员工敢于提出新观点、新方法,并为这些创新想法提供实践的平台。通过创新实践,企业可以不断优化产品和服务,满足市场的需求并取得竞争优势。为了激发创新活力,企业应提供必要的资源支持,包括资金、设备和其他物质资源。此外,企业还应建立容错机制,鼓励员工勇于尝试和接受失败。通过持续改进和创新实践,企业可以保持领先地位并应对市场趋势与技术发展的挑战。

## 第三节　确定关键业务领域和优先级

企业需要明确其战略目标和核心价值。通过对市场环境、竞争态势、客户需求等方面的分析,确定企业的战略定位和发展方向。在此基础上,识别出对企业战略目标实现具有关键作用的核心业务领域,如产品研发、市场营销、客户服务等。其次,企业需要对关键业务领域进行深入分析,明确各领域的具体目标和指标。这包括对业务现状的评估、未来发展趋势的预测以及竞争对手的分析等。通过量化和定性评估,为后续的优先级排序提供依据。在确定关键业务领域的基础上,企业需要进一步评估各领域的优先级。优先级的确定需要考虑多个因素,如业务的重要程度、资源需求、时间紧迫性等。通过综合权衡,将各领域按照优先级从高到低进行排序,形成优先级清单。在优先级清单的指导下,企业可以针对性地分配资源,确保关键业务领域的顺利推进。对于高优先级的业务领域,应给予更多的资源倾斜,如人力、财力、技术等,以保证其快速发展和取得突破。同时,企业需要制定相应的策略和措施,以保障资源分配的有效性和合理性。此外,企业需要定期对关键业务领域的进展情况进行跟踪和评估。通过实际数据与目标指标的对比分析,及时发现存在的问题和不足之处,并采取相应的改进措施。同时,根据市场环境的变化和业务发展的需要,对优先级清单进行动态调整,以确保资源的合理利用和数字化转型的顺利进行。

在确定关键业务领域和优先级的过程中,企业还需要注重跨部门协作和团队精神的发挥。数字化转型往往涉及多个部门和多方利益相关者,需要企业建立有效的沟通机制和协同工作模式。通过加强跨部门合作,打破信息孤岛和资源壁垒,形成合力,共同推进关键业务领域的发展。同时,倡导团队精神,鼓励员工积极参与和贡献智慧,营造良好的企业文化氛围。并且,企业需要建立健全的激励机制和考核体系。通过制定合理的奖励政策和管理制度,激发员工的积极性和创造力,增强工作效率和质量。同时,建立科学的考核体系,对员工的绩效进行客观、公正的评价,为企业的决策提供有力支持。通过激励机制和考核体系的完善,推动数字化转型过程中关键业务领域的发展和优化。

# 第六章　外国广播公司的数字化
# 转型策略研究

## 第一节　坚定不移的转型理念

传统广播必须与新媒体相互借鉴、共同发展,才能够在这个多元化、个性化的信息时代立足。坚定不移的转型理念正是体现了对这一规律的深刻认识和主动适应。这种理念不仅是对市场趋势的敏锐洞察,更是对自身使命的重新定位。从市场营销的角度来看,现代市场营销已经从传统的广撒网式宣传转变为以消费者为中心的精准营销。这要求企业深入了解消费者的需求和习惯,提供个性化的服务和产品。坚定不移的转型理念正是要求外国广播公司转变传统营销模式,借助数字化手段,实现更精准的目标受众定位和个性化内容推送。通过大数据分析、人工智能等技术,广播公司可以更好地了解受众的喜好、收听习惯、消费行为等,从而制定更加精准的市场营销策略。这种转型不仅有助于增强营销效果,还能够增强与受众的互动和黏性,进一步提升品牌影响力。除了市场营销方面的契合,坚定不移的转型理念还与组织变革理论密切相关。在当今这个快速变化的市场环境中,组织变革是保持竞争力的关键。一个组织要想适应外部环境的变化,就必须不断地调整自身组织架构、优化流程、提升创新能力。坚定不移的转型理念正是强调了这一点,它要求外国广播公司不断进行组织变革,以适应数字化转型的需要。这包括引进先进技术、培养创新人才、优化内部管理流程等。只有不断地进行组织变革和创新,才能够在这个信息时代保持领先地位。在实践层面,坚定不移的转型理念推动了外国广播公司的数字化进程。这些公司积极引进大数据分析、云计算等先进技术,以提升内容生产和传播的效率。通过数据分析,广播公司可以更好地了解受众需求,优化节目内容;通过云计算,可以实现资源共享、增强工作效率。同时,他们还注重与新媒体平台的合作,拓展传播渠道,扩大受众群体。这种合作不仅可以扩大内容的传播范围,还能够与更多受众互动交流,及时获取反馈,进一步优化节目内容。

数字化转型不仅仅是技术层面的变革,更是思维方式和业务模式的转变。外国广播公司需要从传统的以内容生产为核心的模式转变为以用户需求和市场为导向的模式。这要求他们更加注重受众体验、提供个性化服务、创新业务模式等。只有真正做到以用户为中心,才能够在这个信息时代立于不败之地。通过数字化转型,外国广播公司不仅增强了内容传播的广度和深度,还实现了与受众的互动交流,及时获取反馈,优化节目内容。此外,数字化转型还有助于提升广告投放的精准度,增加广告收入来源。这使得外国广播公司在面对新媒体的冲击时,不仅有了更强的竞争力,还为整个广播行业树立了典范。在未来发展中,外国广播公司需要继续保持敏锐的市场洞察力,紧跟技术发展趋势,不断完善和深化数字化转型。同时,他们还需要关注受众需求的变化,持续优化用户体验,提升品牌影响力。只有这样,外国广播公司才能在激烈的市场竞争中立于不败之地,开创更加美好的未来。此外,坚定不移的转型理念并不是一蹴而就的,它需要外国广播公司从内部管理、人才培养、技术更新等多方面入手,全面推进数字化转型。在这个过程中,外国广播公司需要不断总结经验教训,调整转型策略,确保数字化转型能够真正落地生根、开花结果。同时,外国广播公司还需要关注行业内的合作与竞争态势。通过与其他媒体、技术公司以及相关产业的合作,可以实现资源共享、优势互补,共同应对数字化浪潮带来的挑战与机遇。同时,竞争态势的分析也有助于外国广播公司了解自身的优劣势,明确市场定位和发展方向.

# 第二节　持续迭代的数字化平台

## 一、数字化平台迭代的历程

### (一)早期的数字化尝试

随着互联网的兴起,外国广播公司开始了数字化的探索之旅。在早期阶段,他们的主要目标是将传统的模拟信号广播内容转化为数字格式,并通过互联网进行传输。为了实现这一目标,广播公司建立了基础的网站,提供在线播放功能,使用户能够通过电脑或移动设备在互联网上收听广播节目。这一阶段的数字化尝试为广播公司拓宽了受众群体,打破了地域限制,使广播内容能够触及更广泛的用户。英国广播公司(BBC)在早期就意识到了数字化的重要性,并推出了 BBC ONLINE 服务。这个服务为用户提供在线收听广播节目的功能,并在网站上提供详细的节目信息和相关内容。用户可以通过互联网连接到 BBC 的服务器,选择自己感兴趣的节目进行收听。

## (二)移动应用的兴起

随着智能手机的普及和移动互联网的迅猛发展,外国广播公司意识到移动应用对于提供便捷收听体验的重要性。因此,他们积极投入资源开发适应各种操作系统的移动应用程序。这些移动应用具有直观的用户界面和丰富的功能,如节目推荐、播放列表、离线下载等,使用户能够随时随地通过手机收听广播节目。移动应用的兴起为广播公司带来了更多的用户参与和互动机会,并提升了用户的忠诚度和黏性。美国国家公共广播电台(NPR)开发了一款名为"NPR ONE"的移动应用程序。这个应用程序根据用户的兴趣和偏好,为用户推荐相关的广播节目和播客。用户可以个性化地设置自己的收听体验,创建播放列表、收藏喜欢的节目,并在应用程序内进行社交分享。

## (三)社交媒体的整合

社交媒体的崛起改变了用户与广播内容的互动方式,为广播公司提供了新的与用户建立联系的机会。外国广播公司积极将社交媒体整合到他们的数字化平台中,通过在主流社交媒体平台上建立账号,并与用户进行互动。他们分享节目内容、发布更新、回应评论,并通过社交媒体了解用户的反馈和需求。加拿大广播公司(CBC)积极整合社交媒体到他们的数字化平台中。他们在 FACEBOOK、TWITTER 和 INSTAGRAM 等社交媒体平台上建立了账号,并与用户进行互动。CBC 通过发布节目预告、分享精彩瞬间和回应观众评论等方式,与观众建立了紧密的联系,并扩大了品牌影响力。社交媒体的整合使广播公司能够与用户建立更紧密的关系,扩大品牌影响力,并通过用户的分享和转发扩大内容的传播范围。

## (四)智能语音助手的整合

随着智能语音助手技术的快速发展,外国广播公司开始将这些技术整合到他们的数字化平台中,为用户提供更加智能化的收听体验。他们与智能语音助手提供商合作,将广播内容与语音助手进行连接。用户可以通过语音指令告诉语音助手播放特定的节目、获取节目信息或参与互动等。澳大利亚广播公司(ABC)与智能语音助手 AMAZON ALEXA 合作,将广播内容整合到 ALEXA 的技能中。用户可以通过与 ALEXA 的对话来播放 ABC 的广播节目、获取节目信息和参与互动等。这种整合为用户提供了更加便捷和智能化的收听体验。这种整合利用了智能语音助手的便捷性和智能化特点,使用户能够更加方便地控制和管理广播内容,增强了用户的收听体验。

（五）数据驱动的个性化推荐

在数字化时代,数据成了广播公司的重要资产。外国广播公司充分利用大数据和人工智能技术,对用户的收听行为和偏好进行深入分析。他们通过数据挖掘和机器学习算法,发现用户的兴趣模式和收听习惯,并构建个性化的推荐系统。这些推荐系统可以根据用户的历史收听记录、喜好、地理位置等信息,为用户推荐相关的节目和内容。德国之声(DW)利用大数据和人工智能技术,对用户的收听行为进行分析和个性化推荐。他们通过分析用户的历史收听记录、兴趣偏好和地理位置等信息,为用户提供相关的广播节目推荐。这种数据驱动的个性化推荐增强了用户的满意度和忠诚度,并帮助 DW 更好地了解用户需求。数据驱动的个性化推荐不仅提升了用户的满意度和忠诚度,还有助于广播公司更好地了解用户需求,优化节目安排和内容创作。

（六）跨平台整合与无缝体验

为了实现跨平台整合和提供无缝的用户体验,外国广播公司采取了多种措施。首先,他们通过统一的用户身份认证机制,使用户能够使用相同的账号和密码登录不同的平台和设备。其次,他们实现了数据同步功能,确保用户在不同平台上的个人信息、收听记录和偏好设置保持一致。此外,广播公司还积极与其他数字化平台合作,如音乐流媒体服务、智能音响和车载娱乐系统等,将广播内容扩展到更多的平台和设备上。法国国际广播电台(RFI)通过跨平台整合,使用户能够在不同设备上无缝切换并继续收听之前的节目。他们与 APPLE CARPLAY 和 ANDROID AUTO 等车载娱乐系统合作,将广播内容扩展到汽车中。用户可以在车内通过车载系统收听 RFI 的广播节目,实现了无缝的收听体验。这种跨平台整合使用户能够在不同场景下无缝切换并继续享受个性化的收听体验。

### (七)开放 API 与合作伙伴关系

为了推动创新和发展,外国广播公司积极开放他们的平台和资源,与第三方开发者和合作伙伴建立良好的合作关系。他们提供开放的 API(应用程序接口),允许开发者利用广播公司的数据和功能创建新的应用和服务。这种开放策略促进了创意的涌现和商业合作的形成,为广播公司带来了更多的创新和商业机会。荷兰公共广播公司(NPO)提供了开放的 API,允许开发者在NPO 的平台上创建新的应用和服务。他们与第三方开发者合作,共同开发了一系列创新的应用程序,如个性化推荐工具、社交分享插件等。这些合作关系为 NPO 带来了更多的创新和商业机会,并扩大了用户群体。与合作伙伴的合作关系也有助于扩大广播公司的市场份额和用户群体,提升品牌影响力和竞争力。

## 二、数字化平台迭代的作用

### (一)持续迭代的数字化平台在外国广播公司的数字化转型中发挥着核心作用

随着科技的迅速发展和用户需求的不断变化,传统的广播模式已经难以满足现代用户的需求。因此,外国广播公司纷纷将目光投向了持续迭代的数字化平台,希望通过这种方式来适应并引领数字化时代的发展趋势。首先,持续迭代的数字化平台通过提供个性化的内容和服务,成功吸引了大量用户并留住了他们的关注。在数字化时代,用户对于内容的需求越来越多样化,他们希望能够获得符合自己兴趣和偏好的内容。借助人工智能和大数据分析技术,持续迭代的数字化平台能够深入了解用户的兴趣、偏好和行为,从而为用户定制个性化的内容推荐和体验。这种个性化的内容推荐不仅增强了用户的使用体验,也增强了用户与广播公司之间的黏性,进一步巩固了用户忠诚度。

具体来说,人工智能技术在持续迭代的数字化平台中发挥着关键作用。通过机器学习和深度学习等算法,平台能够分析用户的历史数据和行为模式,预测用户可能感兴趣的内容,并实时推送相关的节目、文章、视频等。这种个性化推荐不仅增强了内容的点击率和观看率,也使用户感到被重视和理解,从而增强了他们对平台的信任和依赖。

同时,大数据分析技术也为持续迭代的数字化平台提供了有力支持。通过对海量数据的挖掘和分析,平台能够发现用户群体的共同特征和趋势,为内容创作和策略制定提供科学依据。例如,通过分析用户的观看历史、搜索记录和社交媒体互动等数据,平台可以了解用户对某一类内容的偏好和需求,进而调整节目安排和内容制作策略,以满足用户的期望除了个性化的内容推荐,持续迭代的数字化平台还注重提供多元化的互动方式和服务。例如,通过集成社交媒体功能,用户可以在平台上与其他用户分享自己的观点和感受,形成热烈的社区氛围。此外,平台还提供在线客服、智能语音应答等便捷服务,及时解决用户在使用过程中遇到的问题和困难。这些措施不仅增强了用户的使用便利性和满意度,也进一步增强了用户对平台的黏性和忠诚度。

## (二)持续迭代的数字化平台为外国广播公司提供了多元化的收入来源

持续迭代的数字化平台为外国广播公司带来了多元化的收入来源,打破了传统收入模式的限制,为公司提供了更广阔的商业发展空间。在数字化时代,随着用户消费习惯的变化和技术的进步,单一的广告收入模式已经难以满足外国广播公司的盈利需求。因此,通过持续迭代的数字化平台,公司得以探索并实践多种盈利模式,从而实现了收入的多元化。首先,订阅模式在持续迭代的数字化平台中占据重要地位。通过提供高质量的独家内容或特色服务,外国广播公司可以吸引用户支付一定的费用成为订阅者。这种模式下,用户可以享受到无广告干扰、优先观看新内容等特权,而公司则通过收取订阅费用实现盈利。订阅模式的好处在于其稳定性和可预测性,公司可以据此制定长期的内容规划和商业策略。

在订阅模式的实践中,外国广播公司通常会提供不同级别的订阅服务,以满足不同用户的需求和预算。例如,基础订阅可能只包括基本的节目内容和服务,而高级订阅则可能提供独家专访、幕后花絮、专属活动等附加价值。这种分级订阅的方式不仅满足了用户的个性化需求,也增强了公司的盈利能力。

除了订阅模式,付费内容也是持续迭代的数字化平台中常见的盈利模式之一。在这种模式下,外国广播公司提供一些独家或高质量的节目、文章、视频等,用户需要支付一定的费用才能访问这些内容。这种模式通常适用于具有独特价值和吸引力的内容,如独家专访、深度报道、专业分析等。通过付费内容,公司可以直接从内容创造中获取收益,也提高了内容的整体品质和用户满意度。

在付费内容的推广中,外国广播公司通常会采用多种方式吸引用户付费。例如,他们可能提供免费的预览或试听服务,让用户先体验内容的质量和价值,或者通过打折促销、限时优惠等活动,激发用户的购买欲望。此外,为了保障付费内容的权益和品质,公司还会加强内容版权保护和打击盗版行为。

虚拟商品是持续迭代的数字化平台中另一种新兴的盈利模式。在这种模式下,外国广播公司提供一些虚拟商品或服务供用户购买和使用。这些虚拟商品可以是虚拟礼品、道具、表情符号等,用于增强用户在平台上的互动体验和社交表现。通过销售虚拟商品,公司可以创造一种全新的收入来源,并且这种收入具有较强的灵活性和可扩展性。

虚拟商品的盈利模式在持续迭代的数字化平台中具有独特的优势。首先,虚拟商品的成本相对较低,因此公司可以实现较高的利润率。其次,虚拟商品的种类繁多且易于创新,公司可以根据用户需求和市场变化灵活调整产品线。最后,虚拟商品的销售不受地域和时间限制,可以实现全球化的市场拓展和 24 小时不间断的销售。在虚拟商品的销售中,外国广播公司通常会与游戏开发商、社交媒体平台等合作伙伴共同开发和推广虚拟商品。通过与合作伙伴的紧密合作和资源共享,公司可以扩大虚拟商品的销售渠道和用户群体,增强整体盈利能力。

### (三)持续迭代的数字化平台促进了外国广播公司与用户之间的互动和沟通

持续迭代的数字化平台在外国广播公司的运营中,不仅提供了内容的传播和服务的提供,更重要的是,它促进了公司与用户之间的互动和沟通。这种互动和沟通是双向的、即时的,为外国广播公司打造了一个与用户紧密连接的桥梁,从而加深了用户对公司品牌的认同感和忠诚度。首先,持续迭代的数字化平台通过提供在线社区功能,为用户创建了一个集结和交流的空间。在这个在线社区里,用户可以围绕广播内容展开讨论、分享感受、提出建议,形成了一个充满活力和创造力的用户群体。这种社区的存在不仅增强了用户之间的互动,也为外国广播公司提供了宝贵的用户反馈和市场洞察。

在在线社区中,用户可以找到与自己兴趣相投的其他用户,形成各种兴趣小组或粉丝团体。他们可以在这里分享对节目的热爱、对某个话题的看法,甚至参与到节目的创作和推广中。这种用户之间的互动不仅增强了社区的活跃度,也为外国广播公司培养了一批忠实的粉丝和推广者。同时,持续迭代的数字化平台还集成了社交媒体功能,使得用户可以更加方便地在多个社交平台之间切换和交流。通过一键分享、评论和点赞等功能,用户可以轻松地将自己在平台上的活动和体验分享到 FACEBOOK、TWITTER、INSTAGRAM 等社交媒体上。这种社交媒体集成不仅扩大了外国广播公司内容的传播范围,也增强了用户在社交媒体上对公司的关注度和讨论度。

此外,持续迭代的数字化平台还提供了用户反馈机制,使得用户可以及时反馈在使用平台过程中遇到的问题、对内容的建议以及对服务的评价。这种反馈机制是外国广播公司不断优化服务和提升用户体验的重要依据。通过对用户反馈的收集和分析,公司可以及时了解用户的需求和期望,进而对平台进行针对性的改进和升级。在用户反馈的收集中,外国广播公司通常会采用多种渠道和方式,如在线调查、用户论坛、客服邮箱等,以确保能够全面、准确地收集用户的意见和建议。同时,公司还会对收集的反馈进行分类和分析,提炼出有价值的信息和洞察,用于指导平台的改进和发展。

除了直接的用户反馈,持续迭代的数字化平台还通过数据分析和挖掘技术,对用户的行为和偏好进行深入研究。通过对用户在平台上的浏览历史、搜索记录、互动行为等数据的分析,公司可以更加准确地了解用户的需求和兴趣,进而为用户提供更加个性化、精准的内容和服务。

这种基于数据的分析和挖掘不仅增强了内容的相关性和用户满意度,也为外国广播公司的商业决策提供了有力支持。例如,通过分析用户的观看习惯和付费行为,公司可以制定更加合理的定价策略和会员制度;通过了解用户在社交媒体上的分享和评论行为,公司可以制定更加有效的社交媒体营销策略。

# 第三节　多平台一体化的生产模式

## 一、多平台一体化的生产模式概述

随着全球化进程的不断加速和科技的飞速发展,多平台一体化的生产模式逐渐成为现代制造业的主流趋势。这一模式的崛起不仅代表着企业生产方式的革新,更反映了整个社会经济结构的转型。多平台一体化的生产模式能够实现生产过程的优化和协同,使企业更加灵活地应对市场变化,增强生产效率,降低成本,从而在激烈的市场竞争中占据优势。多平台一体化的生产模式强调通过整合不同平台资源,实现生产过程的优化和协同。这些平台可以包括硬件设备、软件系统、生产流程等多个方面,通过统一的管理和调度,实现各平台之间的无缝衔接,增强生产效率。多平台一体化生产模式的实施需要先进的信息技术和智能化设备的支持,但也面临着技术难度、管理挑战、投资成本和市场变化等方面的挑战。

## 二、多平台一体化生产模式的优势与劣势

### (一)优势

多平台一体化生产模式具有灵活性,能够快速适应市场需求的变化,根据订单需求调整生产计划,实现小批量、多品种的生产。多平台一体化生产模式能够充分发挥各平台的优势,实现资源的最优配置,减少中间环节,降低损耗,增强生产效率。此外,多平台一体化强调不同平台之间的协同合作,形成一个有机的整体,通过统一的管理和调度,各平台能够相互配合,共同完成生产任务。另外,多平台一体化生产模式借助先进的信息技术和智能化设备,实现生产过程的自动化和智能化,增强生产效率,降低人工成本,增强产品质量。

企业在实施多平台一体化生产模式时,应注重以下几个方面:第一,要进行统一规划与设计,明确各平台的定位和功能,确保各平台之间的协同工作;第二,要进行资源整合与优化,通过对不同平台的资源进行合理配置和调度,实现资源的最大化利用;第三,还要进行人才培养与引进,增强企业的技术和管理水平;第四,要持续改进与创新,不断优化生产流程和管理模式,增强企业

的生产效率和竞争力。

## （二）劣势

尽管多平台一体化生产模式具有巨大的优势和发展潜力,但企业在实施过程中也面临着一些挑战。第一,技术难度较大,需要企业投入大量的研发资源和时间;第二,各平台之间的接口标准和数据交换存在技术难点;第三,企业需要建立完善的管理体系和流程,加强人才培养和引进工作;第四,要关注信息安全和隐私保护等方面的问题;第五,多平台一体化生产模式的实施需要大量的投资成本,包括购买先进的设备和软件系统、建设完善的信息化基础设施等,这些投资成本可能会给企业带来较大的经济压力;第六,市场变化快速且难以预测,企业需要具备快速响应市场变化的能力和灵活性;第七,需要关注客户需求的变化和增强客户满意度等方面的问题。

## 三、多平台一体化生产模式的具体内容

### （一）跨平台内容创作

随着数字化和移动互联网的快速发展,用户的媒体消费习惯也在不断变化。他们不仅通过传统收音机收听广播节目,还通过智能手机、电脑、平板等设备在互联网上获取广播内容。为了适应这一变化,外国广播公司开始将内容创作扩展到多个平台,并根据每个平台的特点和用户习惯进行定制和优化。例如,在社交媒体上,广播公司会制作短视频、图片和有趣的互动内容,以吸引年轻用户的关注。在智能语音助手上,他们会开发语音技能,使用户可以通过语音指令来访问和控制广播内容。这种跨平台的内容创作方式扩大了广播内容的传播范围,提升了用户的参与度和满意度。

### （二）统一的内容管理系统

为了实现多平台内容的统一管理和发布,外国广播公司采用先进的内容管理系统(CMS)。这些系统允许编辑人员在一个统一的界面中管理和发布各种类型的内容,包括音频、视频、文本和图片等。CMS还提供了版本控制、权限管理和工作流程等功能,确保内容的准确性和一致性。通过CMS,广播公司可以轻松地将内容从一个平台迁移到另一个平台,并保持内容的更新和同步。

这种统一的内容管理方式增强了生产效率,减少了重复工作,并确保了内容在不同平台上的一致性。

### (三)个性化推荐和互动

通过个性化推荐,广播公司能够为用户提供更加符合其需求的内容,增强用户的满意度和忠诚度。此外,广播公司还通过社交媒体、在线调查和互动功能等方式与用户进行互动。他们鼓励用户提供反馈和建议,并根据用户的反馈不断改进节目内容和用户体验。这种个性化推荐和互动的方式增强了用户与广播公司之间的联系,建立了更加紧密的关系。

### (四)与第三方合作和开放 API

为了扩大内容的传播范围和增加商业机会,外国广播公司积极与第三方平台和开发者合作。他们提供开放的 API 和数据接口,允许第三方在广播公司的平台上创建新的应用和服务。这些第三方应用和服务可以利用广播公司的内容资源,为用户提供更加多样化和创新性的体验。例如,一些开发者利用开放 API 开发了定制化的广播播放器、个性化的推荐工具等。通过与第三方的合作,广播公司能够扩大内容的传播范围,吸引更多的用户关注并提升品牌知名度。同时,与第三方的合作也为广播公司带来了更多的商业机会和收入来源。

### (五)多平台营销和推广

外国广播公司利用多个平台进行节目的营销和推广,以吸引更多的用户关注。他们在社交媒体上发布节目预告、精彩瞬间和幕后花絮等内容,引发用户的兴趣和讨论。他们与网红、意见领袖等合作进行口碑传播和推荐。此外,广播公司还通过线下活动、赞助和合作伙伴关系等方式进行品牌推广和用户互动。这种多平台的营销策略扩大了广播节目的知名度和影响力,吸引了更多的用户关注和参与。同时,多平台营销和推广也有助于提升广播公司的品牌价值和市场竞争力。

### (六)数据分析和优化

外国广播公司重视数据分析在优化多平台一体化生产模式中的作用。通过数据分析,广播公司可以了解用户的兴趣偏好、收听习惯和需求特点等信息。这些信息对于改进节目质量、调整内容策略和优化用户体验具有重要意义。例如,通过分析用户的收听数据,广播公司可以发现哪些节目受欢迎、哪些节目需要改进或调整。通过了解用户的需求和行为模式,他们可以为用户提供更加符合其需求的内容和服务。数据分析和优化是持续改进多平台一体化生产模式的关键环节之一。

# 第四节　基于多平台、数据驱动的盈利模式

## 一、多平台、数据驱动的盈利模式内涵

为了在数字化时代立足,企业必须不断更新和优化其商业模式。多平台协同与数据驱动的盈利模式成为一种新型的商业战略,为企业提供了一个更加全面、高效和精准的运营框架。

多平台协同是指企业通过整合多个平台资源,实现各平台之间的无缝衔接和协同工作。这种模式打破了传统单一平台的局限,将不同的平台连接起来,形成一个统一的生态系统。在这个生态系统中,企业可以利用不同平台的优势,实现资源共享、信息互通和互利共赢。多平台协同不仅增强了企业的运营效率,还扩大了企业的市场覆盖范围,为企业带来了更多的商业机会。数据驱动则强调了数据在商业决策中的核心地位。在数字化时代,数据已经成为企业最重要的资产之一。通过收集、分析和利用数据,企业可以洞察市场趋势、了解消费者需求、优化业务流程和制定更加科学的决策。数据驱动的盈利模式利用先进的数据分析和预测技术,将海量的数据转化为有价值的信息,为企业的决策提供有力支持。多平台协同与数据驱动的盈利模式相结合,为企业提供了一种全新的商业模式。在这种模式下,企业可以利用多平台的优势,实现资源的最大化利用;同时,通过数据驱动的方法,深入挖掘市场和消费者的需求,增强产品和服务的个性化、差异化水平。这种模式的实施需要企业具备强大的跨平台整合能力和数据分析技术,因此对企业的技术实力和创新能力提出了更高的要求。

首先,多平台协同的盈利模式要求企业具备跨平台整合能力。这包括对不同平台的认知、选择、整合和管理能力。企业需要了解不同平台的特性、优

势和短板,根据自身业务需求进行合理的选择和搭配。同时,企业需要建立一套有效的跨平台管理体系,确保各个平台之间的协同高效、顺畅。这涉及平台的架构设计、流程优化、资源调度等方面的内容。只有具备了强大的跨平台整合能力,企业才能真正实现多平台协同的盈利模式,发挥出各平台的最大潜力。其次,数据驱动的盈利模式要求企业具备强大的数据分析能力。在数字化时代,数据已经成为企业的核心资产。但数据的价值不仅仅在于数量,更在于质量和分析深度。同时,企业需要运用先进的数据分析工具和方法,对数据进行深入挖掘和利用。这涉及数据挖掘、机器学习、人工智能等多种技术手段的应用。只有通过科学的数据分析,企业才能洞察市场趋势、了解消费者需求、发现商业机会并制定出更加科学、精准的决策。此外,多平台协同与数据驱动的盈利模式还需要企业具备强大的创新能力。随着科技的不断进步和市场需求的不断变化,企业需要不断创新其商业模式和产品服务。这涉及对市场趋势的敏锐洞察、对消费者需求的精准把握、对技术创新的不断追求等多个方面。只有具备了强大的创新能力,企业才能在激烈的市场竞争中立于不败之地并实现持续发展。

## 二、多平台、数据驱动的盈利模式的特点

### (一)多平台内容分发

外国广播公司充分利用多个平台来分发内容,从而扩大内容的传播范围和受众群体。他们不仅在传统的广播频率上播放节目,还在网站、移动应用、社交媒体和智能语音助手上提供内容。这种多平台分发策略使得广播公司能够覆盖更广泛的用户群体,并满足用户在不同平台和设备上获取内容的需求。

通过多平台内容分发,外国广播公司能够吸引更多的用户关注,并提升内容的曝光度。用户在不同的平台上可以随时随地获取广播内容,无论是在家中、办公室还是移动设备上。这种便利性使得用户更加愿意与广播公司进行互动,并分享他们喜欢的内容。同时,多平台内容分发也为广播公司带来了更多的广告收入和订阅费用,从而实现了盈利最大化。

### (二)数据驱动的个性化广告

个性化广告不仅能够满足用户的需求和兴趣,还能为广播公司带来更高

的广告收入。广告主愿意支付更高的费用来投放精准的目标受众群体,增强广告的效果和投资回报率。通过数据驱动的个性化广告,外国广播公司能够与广告主建立更紧密的合作关系,并提供定制化的广告解决方案,从而增加广告收入并实现盈利最大化。

### (三)订阅和付费内容

外国广播公司提供订阅和付费内容服务,为用户提供更加优质和独家的内容。用户可以选择订阅特定的节目、频道或套餐,并支付一定的费用来享受这些内容。这种订阅和付费模式为广播公司提供了稳定的收入来源,并激励他们不断提供高质量的内容和服务。

通过订阅和付费内容服务,外国广播公司能够与用户建立更紧密的关系,并提供个性化的内容体验。用户可以根据自己的喜好和需求选择订阅的内容,从而获得更加符合其兴趣的内容推荐和服务。这种定制化的内容服务增强了用户的满意度和忠诚度,并促使他们愿意为高质量的内容付费。同时,订阅和付费模式也为广播公司带来了可预测和稳定的收入来源,帮助他们实现盈利最大化。

### (四)跨平台合作与品牌合作

外国广播公司积极与其他媒体、品牌和机构进行跨平台合作和品牌合作。他们寻找合作伙伴,共同推出联合节目、活动或品牌推广活动,通过资源共享和互利共赢的方式实现盈利。这种合作模式扩大了广播公司的影响力和市场份额,并为他们带来了更多的商业机会和收入来源。

跨平台合作与品牌合作为外国广播公司提供了更多的创新和商业发展的可能性。他们可以与合作伙伴共同开发新的节目形式和内容,吸引更多的用户关注。同时,与知名品牌的合作可以提升广播公司的品牌价值和知名度,吸引更多的广告主和赞助商。这种合作模式为广播公司带来了多元化的收入来源,并提升了他们的盈利能力和市场竞争力。

### (五)数据分析与优化

外国广播公司重视数据分析在盈利模式优化中的作用。他们收集和分析用户数据、收听数据和广告数据等,以了解用户需求和行为模式。通过数据分析,广播公司能够更准确地预测市场趋势和用户需求,从而制定更有效的盈利策略。

数据分析可以帮助外国广播公司了解用户的偏好和行为习惯,以提供更加符合用户需求的内容和服务。他们可以根据数据分析的结果调整节目内容、广告定价和推广方式等,以最大化盈利效果。同时,数据分析也可以帮助广播公司发现潜在的市场机会和业务增长点,从而制定有针对性的战略和计划。通过不断优化和调整盈利模式,外国广播公司能够实现持续的盈利增长和市场竞争力提升。

### (六)创新的技术应用

外国广播公司积极采用创新的技术应用来提升盈利能力。他们利用人工智能技术进行语音识别和自然语言处理,以提供更加智能化的内容推荐和互动体验。通过人工智能技术,广播公司可以分析用户的语音数据和文本数据,了解他们的需求和兴趣,从而提供个性化的内容推荐和服务。这种智能化的内容推荐增强了用户的参与度和满意度,并增强了用户对广播内容的黏性。

此外,外国广播公司还利用虚拟现实(VR)和增强现实(AR)技术为用户提供沉浸式的广播体验。通过 VR 和 AR 技术,用户可以身临其境地参与广播节目和活动,获得更加生动和丰富的感受。这种创新的技术应用为用户带来了全新的体验,并增强了他们对广播内容的兴趣和参与度。同时,这些技术应用也为广播公司提供了更多的商业机会和收入来源,促进了他们的盈利能力和市场竞争力的提升。

## 第五节　以数字化团队建设为核心的组织再造

### 一、组织再造的内涵

数字化团队建设是组织再造的重要内容之一,它要求企业构建一支具备数字化思维、技能和能力的团队,推动组织的数字化转型和升级。数字化团队建设强调团队成员的数字化素养和技能的提升。这包括对数字化技术的了解、应用和创新能力,以及对数字化趋势和市场变化的敏锐洞察力。团队成员需要不断学习和掌握新的数字化工具、方法和技能,以提升个人和团队的竞争力。同时,数字化团队建设还需要注重培养团队的协作精神和创新能力,以应对复杂多变的数字化环境。

## 二、以数字化团队建设为核心的组织再造方法

在组织再造的过程中,数字化团队建设需要与企业的战略目标和发展规划相契合。企业需要明确数字化转型的战略定位和目标,制订数字化发展的路线图和计划。在此基础上,构建与战略相匹配的数字化团队,确保团队的工作方向和目标与企业整体战略的一致性。通过数字化团队的建设,推动组织的数字化转型,实现企业价值的提升和市场地位的增强。

数字化团队建设还需要关注组织文化的重塑。传统的组织文化可能难以适应数字化的快速变革,企业需要建立起一种开放、创新、包容的数字化组织文化。这种文化鼓励团队成员不断探索新的数字化技术和业务模式,勇于尝试和创新,同时倡导团队协作和分享的精神。通过组织文化的重塑,可以激发团队成员的积极性和创造力,推动组织的持续创新和发展。

为了实现以数字化团队建设为核心的组织再造,企业需要采取一系列措施。首先,加强数字化人才的培养和引进,打造具备专业知识和技能的数字化团队。企业可以通过内部培训、外部招聘、合作交流等方式,提升团队成员的数字化素养和技能水平。同时,建立完善的人才激励机制,激发团队成员的积极性和创造力。其次,建立扁平化、开放式的组织结构,促进信息流通和团队协作。传统的层级式组织结构可能阻碍信息的传递和团队的协作,数字化团队需要一个更加灵活和开放的组织结构来适应变化的市场环境和技术创新。通过建立扁平化、开放式的组织结构,促进团队之间的交流与合作,增强组织的响应速度和创新能力。要加强数字化基础设施的建设和完善,为数字化团队提供必要的支持。这包括建立高速稳定的网络环境、提供先进的硬件设备和软件工具等。同时,注重数据安全和隐私保护,确保数字化团队的工作能够安全可靠地进行。通过完善的基础设施建设,增强数字化团队的工作效率和创新能力。还要建立良好的团队合作和沟通机制,促进知识分享和创新精神的传播。团队成员需要相互信任、尊重和支持,共同应对挑战和解决问题。通过定期的团队会议、项目交流、技术研讨等方式,促进团队成员之间的知识分享和创新精神的传播。同时,鼓励团队成员积极提出新的想法和建议,激发团队的创造力和创新精神。另外,关注市场变化和技术趋势,不断调整和优化数

字化团队的工作内容和方向。数字化时代变化快速,团队需要时刻关注市场和技术的动态,及时调整自己的工作策略和方向。通过不断地学习和实践,提升团队的适应能力和创新能力,推动组织的持续发展。

# 第七章 中国广播数字化转型策略

## 第一节 内容成为吸引用户的入口

### 一、广播内容的重要性

为了应对市场的变化和满足用户的需求,中国广播必须进行数字化转型。其中,内容成为吸引用户的入口,是数字化转型的核心要素之一。首先,数字化转型是广播媒体发展的必然趋势。随着互联网和移动互联网的普及,人们获取信息的方式已经发生了深刻的变化。传统的广播形式已经无法满足用户的需求,因此数字化转型成为广播媒体发展的必经之路。通过数字化转型,广播媒体可以实现内容的多渠道分发,增强传播效果和用户黏性。其次,内容是吸引用户的入口。在数字化时代,用户对内容的需求更加多元化和个性化。广播媒体需要不断创新和丰富内容形式,以满足不同用户的需求。同时,要注重内容的品质和价值,提供专业、权威、有价值的信息和服务。只有高品质的内容才能吸引用户的关注和留存,成为广播媒体的核心竞争力。为了实现内容的数字化转型,广播媒体需要采取一系列策略。首先,要注重内容的策划和制作。在策划阶段,要深入了解用户需求和市场趋势,制定有针对性的内容策略。在制作阶段,要注重内容的品质和价值,采用专业化的制作技术和流程。同时,要注重内容的多样性和创新性,不断推出新的节目形式和内容类型,以满足不同用户的需求。其次,要建立多渠道分发平台。在数字化时代,用户获取信息的方式已经发生了深刻的变化。广播媒体需要建立多渠道分发平台,包括音频、视频、社交媒体等多种形式。通过多渠道分发平台的建设,可以提升广播媒体的传播效果和用户黏性,扩大品牌影响力和市场份额。再者,要注重与用户的互动和沟通。在数字化时代,用户不仅仅是信息的接受者,更是信息的创造者和传播者。广播媒体需要注重与用户的互动和沟通,建立用户社区和反馈机制。通过与用户的互动和沟通,可以更好地了解用户需求和市场变化,及时调整内容策略和节目形式,提升用户体验和忠诚度。另外,要制定数字化转型的长期规划和分阶段实施方案。数字化转型是一个长期的过程,需要制定详细的规划和实施方案。要充分考虑技术、人才、资金等方面的因素,制定切实可行的目标和措施。同时,要注重分阶段实施和持续改进,不断优化和完善数字化转型的方案和措施。

## 二、广播内容优化的方式

### (一)高质量的内容创作

在中国广播业的数字化转型过程中,提供高质量的内容是吸引用户的关键。高质量的内容意味着节目具有深度、广度,既有专业的新闻和资讯,又有丰富多彩的文化、娱乐和教育内容。这样的内容不仅需要严格的信息筛选和深入的探讨,还需要精湛的制作技术和出色的主持人表现。

为了实现高质量的内容创作,中国广播公司不仅加大了对节目制作的投入,还积极引进和培养优秀的主持人和记者。他们不仅注重信息的传递,更注重内容的深度解读和背景分析。这种注重质量的做法有助于增强节目的整体品质,从而吸引更多的听众。同时,高质量的内容也有助于建立广播公司的品牌形象。当听众能够持续接收到有深度、有见解的内容时,他们会对广播公司产生信任感,从而成为忠实的听众。这种信任感是广播公司在数字化时代中建立用户黏性的重要基础。

### (二)多样化的内容形式

为了满足不同用户的需求和兴趣,中国广播公司在数字化转型中推出了多样化的内容形式。除了传统的音频节目,他们还增加了视频、图文、互动游戏等多种形式的内容。这些多样化的内容形式为广播公司提供了新的盈利渠道和更多的用户参与机会。例如,通过视频内容,广播公司可以将节目内容以更直观、生动的方式呈现给观众,从而吸引更多的关注。图文内容则可以在社交媒体等平台上进行传播,扩大节目的影响力。而互动游戏则可以让听众更加深入地参与到节目中来,增强他们的参与感和归属感。

多样化的内容形式不仅丰富了广播公司的产品线,还为其在数字化时代的竞争中提供了更多的优势。通过这些多样化的内容形式,广播公司可以吸引更广泛的用户群体,并提升用户的参与度和黏性。

### (三)个性化的内容推荐

在数字化时代,用户的需求和兴趣日益多样化。为了满足用户的个性化需求,中国广播公司利用大数据和人工智能技术来实现个性化的内容推荐。他们通过分析用户的收听历史、兴趣偏好和行为数据等信息,为用户提供定制化的内容推荐。这种个性化的内容推荐不仅增强了内容的针对性和吸引力,还增强了用户的满意度和忠诚度。

通过个性化的内容推荐,中国广播公司能够为用户提供更加精准和符合其兴趣的内容。这种推荐方式不仅增强了内容的传播效率,还增强了用户对广播内容的黏性。同时,个性化的内容推荐也有助于广播公司了解用户的需求和兴趣,从而为其提供更加符合市场需求的内容和服务。

### (四)与用户互动的内容创作

与用户互动是中国广播公司在数字化转型中的重要策略之一。他们通过社交媒体、在线调查和互动平台等方式与用户进行互动,了解用户的需求和反馈。同时,他们还鼓励用户提供自己的创作和分享,将用户的声音和故事融入广播内容中。这种与用户互动的内容创作方式增强了用户与广播公司之间的联系和认同感。

与用户互动的内容创作不仅增强了内容的真实性和贴近性,还增强了用户的参与感和归属感。当用户能够在广播内容中找到自己的声音和故事时,他们会对广播公司产生更深的情感联系和信任感。这种情感联系和信任感是广播公司在数字化时代中建立用户黏性的重要基础。同时,与用户互动的内容创作也为广播公司提供了更多的创新机会和市场反馈。通过与用户的互动和交流,广播公司可以及时发现市场变化和用户需求的变化,从而调整节目内容和形式以适应市场需求的变化。这种灵活性和创新性有助于广播公司在数字化时代中保持竞争优势并实现持续发展。

### (五)跨平台的内容传播

在数字化时代中,跨平台的内容传播是扩大内容覆盖范围和受众群体的关键手段之一。中国广播公司充分利用多个平台进行内容的传播,包括传统的广播频率、网站、移动应用、社交媒体和其他数字平台等。这种跨平台的内容传播方式扩大了内容的传播范围和受众群体,并为用户提供了更加便捷和多样化的获取方式。

通过跨平台的内容传播,中国广播公司能够将节目内容以不同的形式和渠道呈现给观众,从而满足用户在不同平台和设备上的需求。例如,他们可以将音频节目上传到在线音乐平台或播客平台供用户下载和收听;将视频内容上传到视频网站或社交媒体平台供用户观看和分享;将图文内容发布到新闻网站或社交媒体上供用户阅读和评论等。这种跨平台的内容传播方式有助于增强内容的可见性和传播效果并吸引更多的用户关注。

# 第二节　技术先行打造智能化广播媒体

在数字化时代,技术的快速发展为广播媒体带来了前所未有的机遇。为了应对这一挑战,中国广播业积极拥抱技术变革,以技术为先导,打造智能化广播媒体,从而为用户提供更加便捷、个性化和高质量的服务。

## 一、人工智能技术在广播媒体中的应用

人工智能技术在广播媒体中的应用已经成为业界的热门话题。随着技术的不断发展,人工智能技术为广播媒体带来了巨大的变革和创新,为广播公司提供了更高效、更精准的服务,也极大地提升了用户体验。

在广播媒体中,人工智能技术的主要应用之一是自动化处理大量的数据和信息。传统的广播媒体在处理海量信息时往往力不从心,而人工智能技术可以通过机器学习和深度学习算法对这些信息进行快速分析和归类。这意味着,广播公司可以更加准确地把握听众的需求和兴趣,进而提供更加贴合用户喜好的内容。

个性化内容推荐是人工智能技术在广播媒体中的又一重要应用。通过对用户历史收听记录、社交媒体行为等多维度数据的分析,人工智能技术可以构建出每个用户的独特画像,并为其推荐最可能感兴趣的内容。这种个性化的内容推荐不仅增强了用户与广播节目的互动性,还大大增强了节目的收听率和用户黏性。

除了个性化推荐,人工智能技术在节目制作流程中也发挥了巨大的作用。

传统的节目制作往往需要大量的人工参与,而人工智能技术可以自动化完成部分工作,如语音转文字、自动剪辑等,从而大大增强了节目制作的效率。人工智能技术在广播媒体中的应用还远不止于此。例如,它还可以用于广告的精准投放、节目的智能排期等。这些都为广播公司带来了前所未有的商业价值和竞争优势。然而,尽管人工智能技术在广播媒体中的应用前景广阔,但我们也不能忽视其中可能带来的问题。比如,过度依赖算法可能导致内容的单一化和同质化;算法的不透明性也可能引发公众对信息操控的担忧。因此,如何在利用人工智能技术的同时,保持内容的多样性和公信力,是广播媒体需要认真思考的问题。

## 二、5G 技术助力广播媒体的发展

5G 技术的横空出世,无疑为广播媒体注入了新的活力。这种新型移动通信技术以其超高速度、大容量和低延迟的特性,正在彻底改变广播媒体的内容制作、传输和消费方式。它不仅提供了更为卓越的数据传输服务,还为广播公司打开了全新的商业模式和运营空间。

第一,5G 技术为广播媒体带来了前所未有的传输速度和稳定性。过去,广播公司在传输高清音频、视频内容时常常受到网络带宽和稳定性的限制。而 5G 技术的超高速度和低延迟特性使得这些问题迎刃而解。如今,广播公司可以轻松实现高清音频、视频内容的实时传输,无论是现场直播还是预先录制的节目,都能以极高的质量和流畅度呈现给观众。这种高质量的传输服务不仅增强了用户的收听体验,还极大地丰富了广播内容的表现形式。比如,一些大型音乐会或体育赛事的现场直播,通过 5G 技术可以实现多角度、多机位的实时拍摄和传输,让观众仿佛身临其境。这不仅增强了广播内容的吸引力和感染力,也提升了广播媒体的竞争力。

第二,5G 技术助力广播媒体实现了多平台、多终端的内容传播。在移动互联网时代,用户的信息消费习惯已经发生了深刻变化。他们不再仅仅依赖传统的收音机或电视机来接收广播内容,而是通过手机、平板、智能音响等多种终端来获取信息和娱乐。5G 技术的普及使得广播内容可以更加便捷地传输到这些终端上,从而扩大了内容的覆盖范围和受众群体。例如,一些广播公司利用 5G 技术推出了移动应用程序或在线平台,用户可以通过这些平台随时随地收听或观看广播内容。同时,通过与智能家居设备的连接,广播内容还可以直接传输到用户的家庭环境中,为用户提供更加沉浸式的收听体验。这些新的传播方式不仅拓展了广播媒体的市场空间,也增强了用户与广播内容的互动性。此外,5G技术还为广播媒体带来了更多的商业合作机会。比如,通过与电商平台的合作,广播公司可以在直播过程中直接推送商品信息或优惠券,实现"边看边买"的全新消费模式。这种跨界合作不仅为广播公司带来了新的收入来源,也为广告主提供了更加精准的营销手段。

### 三、大数据技术在广播媒体中的应用

广播媒体中,大数据技术的应用主要体现在用户行为分析、内容推荐、市场需求洞察和竞争态势分析等方面。

第一,通过大数据技术,广播公司可以深入挖掘用户的收听历史、兴趣偏好和行为数据等信息。这些信息不仅可以帮助广播公司更加全面地了解用户,还可以为其提供更加精准和个性化的内容推荐。例如,某广播公司通过分析用户的收听记录和社交媒体行为,发现某个用户对流行音乐和电影特别感兴趣。于是,该广播公司在其平台上为这位用户推送了与流行音乐和电影相关的节目和广告,结果取得了非常好的效果。这种个性化的内容推荐不仅增强了用户的满意度和黏性,还帮助广播公司实现了精准营销。

第二,大数据技术还可以帮助广播公司了解市场需求和竞争态势。通过对海量数据的分析,广播公司可以及时发现市场趋势和用户需求的变化,从而调整节目内容和传播策略。同时,通过对竞争对手的数据分析,广播公司可以了解对方的优势和劣势,进而制定更加科学和有效的竞争策略。此外,大数据技术还可以帮助广播公司优化节目制作流程和增强节目质量。同时,大数据技术还可以帮助广播公司实现节目的自动化制作和智能排期,从而大大增强工作效率和节目质量。

### 四、云计算技术在广播媒体中的应用

云计算技术以其灵活、高效和安全的数据存储和处理能力,为广播公司提供了全新的节目制作和传播模式,极大地提升了广播媒体的运营效率和市场竞争力。

第一,云计算技术为广播媒体带来了节目内容在线存储和共享的便利。在过去,广播公司往往需要在本地服务器上存储大量的节目内容,这不仅占用

了大量的物理空间,还增加了数据管理和维护的成本。而云计算技术的出现,使得广播公司可以将节目内容上传到云端进行在线存储,从而节省了本地服务器的存储空间和管理成本。同时,云计算技术还支持多用户同时在线访问和共享数据,大大增强了节目制作和传播的效率和便捷性。例如,某广播公司利用云计算技术建立了一个在线节目库,将所有制作完成的节目上传到云端进行存储。公司内部的不同部门可以根据需要随时在线访问和共享这些节目内容,大大缩短了节目从制作到播出的时间周期。同时,该公司还利用云计算技术实现了节目的远程协同制作,不同地区的制作人员可以通过云端平台实时协作,大幅提高了工作效率和节目质量。

第二,云计算技术助力广播媒体实现多平台、多终端的内容传播。在传统的广播媒体传播模式下,内容的传播往往受限于特定的平台和终端。而云计算技术的出现,使得广播内容可以轻松地通过云端传输到各种不同的平台和终端上,从而扩大了内容的覆盖范围和受众群体。例如,某广播公司通过云计算技术将节目内容传输到多个在线音频平台、社交媒体平台和移动应用程序上,使得用户可以通过多种渠道和方式收听节目。这种多平台、多终端的传播方式不仅增强了节目的曝光度和影响力,还增强了用户与广播内容的互动性。此外,云计算技术还为广播媒体提供了强大的数据处理和分析能力。通过对云端存储的大量数据进行挖掘和分析,广播公司可以更加准确地把握用户需求和市场趋势,进而提供更加精准和个性化的内容推荐和服务。

## 五、物联网技术在广播媒体中的应用

物联网技术的快速发展为广播媒体提供了新的传播渠道和服务模式。通过物联网技术,广播公司可以将节目内容传输到各种智能设备上,为用户提供更加便捷和个性化的收听体验。同时,物联网技术还可以帮助广播公司实现与用户的实时互动和交流,增强用户的参与感和归属感。

第一,物联网技术使得广播内容能够传输到各种智能设备上,极大地拓宽了广播媒体的传播渠道。传统的广播往往通过收音机或特定的终端设备进行传播,而物联网技术的发展,使得广播内容可以直接传输到用户的智能手机、智能音箱、智能家居等设备上。这种跨平台的传播方式不仅扩大了广播内容的覆盖范围,还使得用户可以在任何时间、任何地点方便地收听广播。例如,某广播公司利用物联网技术,将其节目内容传输到了各种智能音箱上。用户只需通过简单的语音指令,就可以随时收听该广播公司的节目。这种便捷的收听方式不仅增强了用户的收听体验,还使得该广播公司的节目在智能音箱用户中获得了广泛的传播。

第二,物联网技术为广播媒体提供了与用户实时互动和交流的可能性。在传统的广播模式下,用户与广播内容的互动往往受到限制,而物联网技术的出现,使得广播公司可以实时了解用户的需求和反馈,进而调整节目内容和播放策略。这种实时的互动和交流不仅增强了用户的参与感和归属感,还使得广播内容更加贴近用户的生活和需求。例如,某广播公司利用物联网技术,在其节目中引入了实时投票和评论功能。用户在收听节目的同时,可以通过手机或其他智能设备实时参与节目的投票和评论。这种实时的互动方式不仅增强了节目的趣味性和互动性,还使得广播公司可以及时了解用户的喜好和意见,进而优化节目内容。

# 第三节　数据驱动下的盈利模式重构

## 一、数据驱动下的广播媒体转型

随着大数据技术的不断发展,数据已经成为推动广播媒体转型的核心动力。在数字化转型的背景下,中国广播媒体开始积极拥抱数据驱动的发展模式,通过对海量数据的收集、分析和挖掘,更加精准地把握用户需求和市场趋势。

### (一)用户画像的精准构建

在传统的广播媒体中,用户画像的构建往往依赖于市场调研和抽样调查等方式,这种方式不仅成本高、周期长,而且难以准确地反映用户的真实需求和行为。而在数据驱动下的广播媒体转型中,用户画像的构建可以通过对用户收听历史、社交媒体行为、地理位置等多维度数据的分析来实现。这些数据可以真实地反映用户的兴趣、喜好和需求,为广播公司提供更加精准的用户画像。例如,某广播公司通过对其平台上用户的收听历史、社交媒体分享、评论等数据进行分析,发现用户对健康养生类节目的需求不断增长。于是,该公司迅速调整节目安排,增加了一系列与健康养生相关的节目,结果收视率大幅提升。这种基于数据的用户画像构建和节目调整策略,不仅增强了节目的质量和用户满意度,还帮助广播公司实现了精准营销和收益最大化。

### (二)个性化内容推荐

在数据驱动下的广播媒体转型中,个性化内容推荐成为重要的服务之一。通过对用户数据和节目内容的分析,广播公司可以为每个用户提供定制化的节目推荐和服务。这种个性化推荐系统能够不断学习和优化,随着用户行为的改变而调整推荐策略,确保内容的实时性和准确性。例如,利用大数据和人工智能技术,开发了一个个性化推荐系统。该系统可以根据用户的收听历史、兴趣偏好和行为数据等信息,为用户推荐符合其需求的节目内容。同时,该系统还可以根据用户的反馈和行为数据不断学习和优化推荐算法,增强推荐的准确性和用户满意度。这种个性化内容推荐服务不仅增强了用户的收听体验,还增强了用户与广播内容的互动性。

### (三)节目内容的优化与创新

在数据驱动下的广播媒体转型中,节目内容的优化与创新也成了重要的议题。通过对大量节目数据的分析,广播公司可以发现哪些内容更受欢迎、哪些环节需要改进,进而提升节目的整体质量。同时,数据还可以为节目内容的创新提供灵感和支持,帮助广播公司打造出更加符合市场需求和用户喜好的新节目。通过对其平台上大量节目数据的分析,发现用户对互动性强、话题性高的节目更加感兴趣。于是,该公司推出了一档全新的互动类节目,邀请听众通过社交媒体和电话等方式参与节目讨论和互动。这种基于数据的节目内容优化和创新策略不仅增强了节目的质量和用户参与度,还为广播公司带来了新的收益增长点。

## 二、盈利模式重构

在数据驱动的时代背景下,中国广播媒体正面临着盈利模式的重构。传统的盈利模式主要依赖于广告收入和订阅费用,但在数字化转型的过程中,这些模式受到了挑战。为了适应新的市场环境和技术发展,广播公司需要积极探索新的盈利模式。

## （一）数据驱动的精准广告

传统的广播广告往往采用广撒网的方式，投放效果难以衡量。但在数据驱动的模式下，广播公司可以通过对用户数据的深度分析，为广告主提供更加精准的广告投放服务。例如，某广播公司通过大数据分析，精准地将母婴用品的广告投放给那些刚刚成为父母的听众，从而大大增强了广告的转化率和广告主的满意度。这种基于数据的精准广告模式不仅增强了广告效果，还为广播公司带来了更高的广告收入。

## （二）会员制服务

随着用户对于个性化、高品质内容的需求不断增长，会员制服务成了广播公司新的盈利点。通过提供专属的节目内容、优惠活动和个性化服务等，广播公司可以吸引用户成为会员，从而建立稳定的收入来源。例如，某广播公司推出了会员专享的高品质音乐节目和线下活动，吸引了大量音乐爱好者的加入，成功实现了盈利模式的创新。

## （三）电商合作

电商合作是广播公司在数字化转型中探索的另一种盈利模式。通过在节目中推荐相关商品或服务，并引导用户进行购买，广播公司可以与电商平台实现共赢。例如，某广播公司在节目中推荐了一款热门的家居用品，并提供了购买链接，吸引了大量听众的购买。这种合作模式不仅为广播公司带来了额外的收入来源，还为用户提供了更加便捷的购物体验。

## （四）跨界合作与品牌延伸

跨界合作与品牌延伸是广播公司在盈利模式重构中的又一项重要策略。通过与其他行业的合作，广播公司可以开发出具有品牌影响力和市场价值的合作项目。同时，利用自身品牌优势进行品牌延伸，开发出与广播内容相关的衍生品和服务，也是广播公司实现盈利的重要途径。例如，某广播公司与一家旅游公司合作，推出了以旅游为主题的广播节目和旅行套餐，实现了双方资源的互补和共赢。

# 第四节 组织机构与体制机制改革

## 一、组织机构改革

### (一)跨部门协作

在传统的广播媒体中,各个部门往往各自为政,缺乏有效的沟通和协作。这导致了资源的浪费和效率的低下。在数字化转型的背景下,跨部门协作显得尤为重要。广播公司需要打破传统部门之间的壁垒,建立跨部门协作机制,促进不同部门之间的信息共享和资源整合。通过跨部门协作,广播公司可以更加高效地利用资源,增强决策效率和创新能力,从而更好地应对市场变化和技术发展。

为了实现跨部门协作,广播公司可以采取以下措施:建立跨部门协作平台,促进不同部门之间的沟通和交流;设立跨部门项目组,针对特定任务或项目进行协作;制定跨部门协作流程和规范,确保协作的顺利进行。通过这些措施的实施,广播公司可以建立起高效的跨部门协作机制,推动数字化转型的顺利进行。

### (二)项目管理制

项目管理制是一种灵活的组织形式,适用于复杂多变的市场环境和技术发展。在广播媒体中,采用项目管理制可以组建跨部门的项目团队,针对特定任务或项目进行协作,实现资源的优化配置和高效利用。通过项目管理制,广播公司可以更加灵活地应对市场变化和技术发展,增强项目的执行效率和质量。

为了实施项目管理制,广播公司可以采取以下措施:建立完善的项目管理制度和流程,明确项目的目标、范围、时间和资源等要素;组建专业的项目管理团队,负责项目的规划、执行和监控;建立项目绩效评估机制,对项目的结果进行量化和评估。通过这些措施的实施,广播公司可以建立起高效的项目管理机制,推动数字化转型项目的顺利进行。

## （三）扁平化管理

扁平化管理是一种减少管理层级、增强信息传递速度和决策效率的管理方式。在广播媒体中，实行扁平化管理可以减少组织中的冗余环节和沟通障碍，增强组织的灵活性和适应性。通过扁平化管理，广播公司可以更加快速地响应市场变化和技术发展，增强组织的创新能力和竞争力。

为了实施扁平化管理，广播公司可以采取以下措施：减少管理层级和岗位设置，优化组织结构；加强内部沟通和信息交流，促进知识共享和团队协作；赋予员工更多的自主权和决策权，激发员工的创新精神和主动性。通过这些措施的实施，广播公司可以建立起高效的扁平化管理体系，推动数字化转型的深入进行。

## 二、体制机制改革

在数字化转型的背景下，中国广播媒体面临着体制机制改革的挑战。为了适应新的市场环境和技术发展，广播媒体需要建立完善的体制机制，增强运营效率和创新活力。

### （一）创新激励机制

创新是推动广播媒体发展的重要动力。因此，建立创新激励机制是必不可少的。具体而言，广播媒体可以采取以下措施：

首先，设立创新奖项和奖励制度，鼓励员工积极探索新技术、新模式、新业态，为广播媒体的可持续发展提供源源不断的创新动力。

其次，提供培训和学习机会，提升员工的数字化技能和思维水平，培养一支具备数字化素养的优秀团队。

最后，营造开放、包容的文化氛围，鼓励员工提出建设性意见和建议，激发员工的创造力和创新能力。通过这些措施的实施，广播媒体可以建立起创新的激励机制，增强员工的创新意识和能力，推动数字化转型的顺利进行。

### （二）人才引进与培养

数字化时代需要更多的高素质人才来支撑。因此，建立人才引进与培养机制是非常重要的。

第一,大力引进数字化技术人才和跨界人才,充实到各个岗位中,为数字化转型提供强有力的人才支持。

第二,提供良好的工作环境和发展平台,吸引和留住人才,打造一支具有竞争力的优秀团队。

第三,对现有员工进行数字化培训和教育,提升其数字化素质和能力水平,为其在数字化时代的职业生涯提供更好的发展空间。通过这些措施的实施,广播媒体可以建立起完善的人才引进与培养机制,为数字化转型提供强有力的人才支持和保障。

# 参 考 文 献

[1]赵瑞华.融媒体时代地方广播媒体创新发展路径探析[J].新闻文化建设,2023(7):108-110.

[2]李晓峰.以全媒体视角探索广播媒体未来走向及发展路径[J].传媒论坛,2023,6(22):69-71.

[3]梅海.地级市广播文字编辑的守正与创新[J].新闻文化建设,2023(20):158-160.

[4]荆志萍.广播媒体与新媒体的融合发展探析[J].新闻文化建设,2023(20):185-186.

[5]马棋午.广播媒体与视频直播融合发展的路径探析[J].新闻研究导刊,2023,14(20):139-141.

[6]李方南.媒体融合下广播的新媒体传播路径探析[J].新闻传播,2023(20):12-14.

[7]邓美球.融合传播背景下广播媒体的经营困境与发展策略——结合佛山市新闻传媒中心的实践探索[J].西部广播电视,2023,44(18):208-210.

[8]王媛媛.试论新媒体环境下广播媒体如何发展[J].中国报业,2023(17):76-77.

[9]马文.传统广播媒体转型升级策略研究:基于内容创新和品牌营销[J].新闻文化建设,2023(17):142-144.

[10]黄纬.数字传播时代广播的可视化策略和发展趋势——以广东新闻广播实践为例[J].声屏世界,2023(17):120-122.

[11]徐宁.融媒体时代广播媒体内容创作的创新探索[J].西部广播电视,2023,44(16):65-67.

[12]尹文君.媒体融合时代下广播的创新与发展[J].记者观察,2023(24):93-95.

[13]吴涛.互联网时代广播节目的变革与突破[J].新闻传播,2023(16):140-142.

[14]朱雨.广播创新融合的转型探索——以宁夏交通广播融媒体发展为例[J].采写编,2023(88):63-65.

[15]王红伟,战江.新媒体时代广播信息传播影响因素研究[J].中国报业,2023(15):112-113.

[16]胡籍文,曲玮婷.新媒体语境下广播媒体的共情传播[J].西部广播电视,2023,44(15):75-77.

[17]王浩东.全媒体时代广播主持人的转型与升级路径探索[J].西部广播电视,2023,44(15):201-203.

[18]刘晓伟,付志斌,张黎言,等.传统广播和新媒体如何相"融"[J].云端,2023(27):96-98.

[19]邓攀.人工智能主播在传统广播媒体中的应用分析[J].新闻爱好者,2023(7):107-109.

[20]孙鹿童.成为行动者:论广播媒体在音频平台中的生存与发展[J].现代视听,2023(7):15-18.

[21]赵红勋,李楠,袁培博.大音频时代广播媒体的高质量发展路径探析[J].现代视听,2023(7):27-31.